Tianjin Grand Theater
in China
The Tianjin Grand Theater
in China

Meinhard von Gerkan
Stephan Schütz

Tianjin Grand Theater in China

The Tianjin Grand Theater in China

gmp FOCUS

jovis

gmp · Architekten von Gerkan, Marg und Partner

Verortung	Location	8
„Die ganze Welt ist eine Bühne" - das Tianjin Grand Theater Meinhard von Gerkan	"All the World's a Stage"– the Tianjin Grand Theater Meinhard von Gerkan	12/13
Rausch und Ratio - Bauen in Tianjin Stephan Schütz	Ratio and Rapidity–Building in Tianjin Stephan Schütz	16/17
Im Klange von Raum und Stadt - das Tianjin Grand Theater Jürgen Tietz	Space and City in Harmony–the Tianjin Grand Theater Jürgen Tietz	22/23
Pläne und Zeichnungen	Plans and Drawings	31
Fotografische Dokumentation	Photographic Documentation	41
Anhang	Appendix	89

Verortung

Location

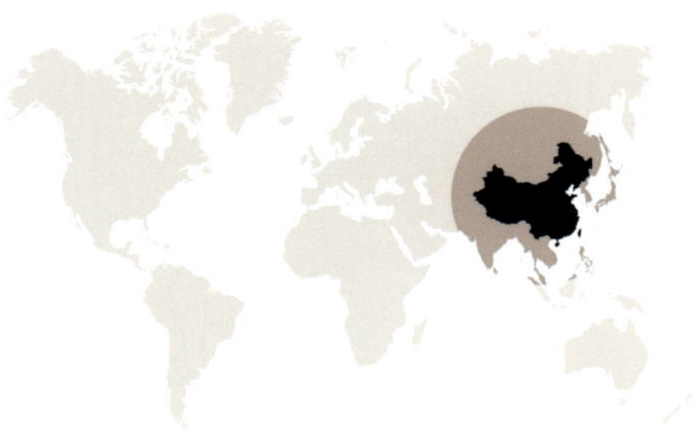

38° 8' N, 117° 11' O

Die Geschichte Tianjins ähnelt der anderer Hafenstädte Chinas: Nach den Opiumkriegen im 19. Jahrhundert war es in Konzessionsgebiete der Kolonialmächte untergliedert, was bis heute unter anderem im Stadtbild Spuren hinterlassen hat. Gelegen in der fruchtbaren nordchinesischen Ebene, keine 150 Kilometer südöstlich von Peking, ist Tianjin seit Jahrhunderten der Zugang zum Meer für die Hauptstadt und liegt zudem am Zusammenfluss des Hai He und des Kaiserkanals, der Peking mit Hangzhou im Süden verbindet. Mit einer Länge von 1794 Kilometern ist der Kanal 16 Mal so lang wie der Suezkanal und damit der längste Kanal der Welt.

The history of Tianjin is similar to that of other port cities in China: after the Opium Wars in the nineteenth century it was divided into concession territories of the colonial powers, which to this day has left its mark on, among other things, the cityscape. Situated in the fertile North China Plain, less than 150 kilometers southeast of Beijing, Tianjin has been for centuries the access point to the sea for the capital and is also located at the confluence of the Hai He River and the Grand Canal, which connects Beijing with Hangzhou in the south. With a length of 1,794 kilometers, the canal is 16 times longer than the Suez Canal and thus the longest canal in the world.

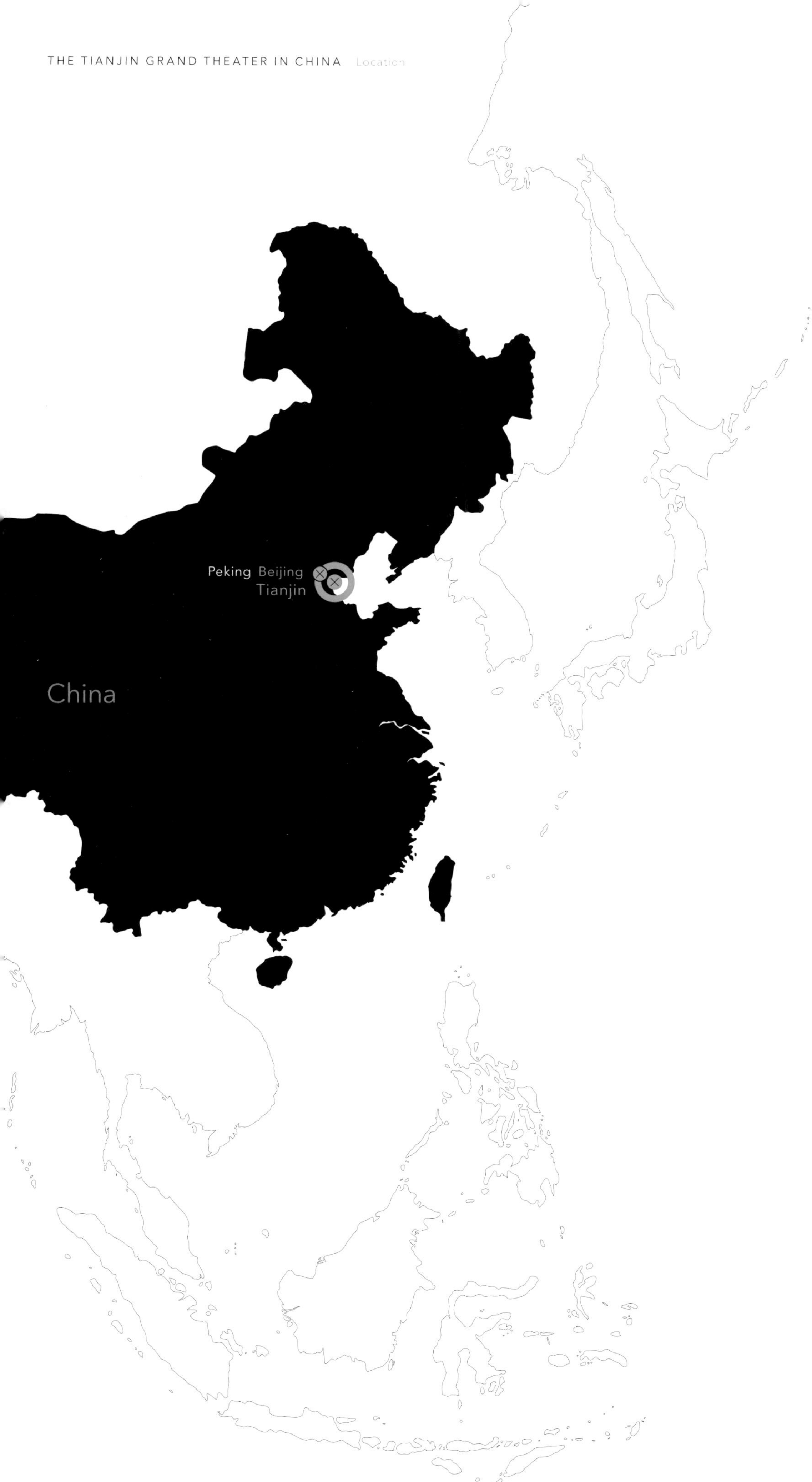
Peking Beijing
Tianjin
China

Handelszentrum und Verkehrsknotenpunkt

Was nach einer modernen Errungenschaft klingt, ist tatsächlich ein uraltes Erbe: Rund 2500 Jahre reichen die Anfänge des Kanals zurück, der eine Meisterleistung der Ingenieurskunst aus vorindustrieller Zeit ist und neben der Chinesischen Mauer als bedeutendstes Bauwerk des alten China gilt. Städte am Kanal waren seit jeher Handelszentren und Verkehrsknotenpunkte. Für Tianjin gilt beides heute noch. Auf einer Fläche von knapp 12.000 Quadratkilometern hat das Verwaltungsgebiet heute rund 14 Millionen Einwohner. Wohnraum ist knapp in der rasant wachsenden Stadt, die wie viele chinesische Großstädte trotz Kanal und Hai He unter Wassermangel leidet. Einer der bekanntesten Söhne der Stadt ist Wen Jiabao, Chinas Premierminister von 2003 bis 2013.

Tianjin in Zahlen

Fläche:
Gemeinde 11.946,9 km²

Bevölkerung:
Gemeinde 15.469.500
Stadt 12.784.000
(Stand 2015)

Commercial Center and Transport Hub

What sounds like a modern achievement is actually an ancient legacy: with its beginnings dating back some 2,500 years, the canal is a masterpiece of pre-industrial engineering and, alongside the Great Wall, is regarded as the most important man-made structure of ancient China. Cities along the canal have been commercial centers and transport hubs since time immemorial. Both are still true for Tianjin today. Covering an area of almost 12,000 square kilometers, the administrative area has about 13 million inhabitants. Housing is scarce in the rapidly growing city, which suffers like many Chinese cities from lack of water, the canal and the Hai He River notwithstanding. One of the most famous sons of the city is Wen Jiabao, Prime Minister of China from 2003 to 2013.

Tianjin in Figures

Area:
Municipality 11,946.9 km²

Population:
Municipality 15,469,500
City 12,784,000
(as of 2015)

Agglomeration Tianjin
Tianjin agglomeration area

Kulturpark mit Grand Theater
Culture park with Grand Theater

Verkehrswege
Traffic routes

Wasserwege
Waterways

Grünanlagen
Greens

„Die ganze Welt ist eine Bühne"
Das Tianjin Grand Theater

Meinhard von Gerkan

Der städtebauliche Kontext des Tianjin Grand Theaters ist außergewöhnlich: Es bildet den Abschluss eines neuen Kulturparks im Zentrum der Millionenstadt, dessen Bauten sich entlang des Ufers eines künstlichen Sees aufreihen. Von dieser Wasserfläche führen großzügige Freitreppen zur erhöhten Eingangsebene des Theaters und bilden auf diese Weise eine ebenso großzügige Freifläche.

Offiziell bietet das Grand Theater in Tianjin nur drei Bühnen – einen Opernsaal, einen Konzertsaal und einen kleineren, variablen Veranstaltungsraum. Die vierte und vielleicht wichtigste „Bühne" hingegen ist nach außen verlagert. Sie besteht eben in jener Freifläche vor dem Eingang und stellt einen städtischen Raum dar, der – insofern ist das Wort Bühne durchaus wörtlich zu nehmen – auch für Open-Air-Aufführungen genutzt werden kann. Diesem Aspekt kommt in China eine besondere Bedeutung zu, denn die klassische chinesische Oper fand und findet unter freiem Himmel statt. Zwar ist die Idee von der Oper als elitärer Tempel der Hochkultur, der eine gebildete Elite nach innen nimmt und den Rest draußen lässt, auch in Europa heute nicht mehr so dominant. Den Chinesen war sie immer fremd. So steht der Treppenplatz des Grand Theaters auch für die Verbindung der chinesischen mit der westlichen Auffassung.

Er erlaubt einen weiten Blick über den See und den Kulturpark. Er ist ein Ort der Entspannung, der Anregung, des Austauschs und der Kommunikation: ein kultureller Ort. Hier trifft sich Kultur und Welt, hier trifft sich Gott und die Welt.

„All the world's a stage – Die ganze Welt ist eine Bühne ...", heißt es bei Shakespeare. Ich habe in meiner langen Laufbahn viele Kulturbauten verantwortet und mich dabei – wie bei allen meinen Bauten – stets der Gesellschaft verpflichtet gesehen. Deswegen trifft dieses Zitat einen zentralen Kern meiner Auffassung von Kulturbauten: dass es eine organische Verbindung von Bühnen- und urbanem Raum geben sollte. Dass Kultur nicht von der Stadt getrennt werden darf, in der sie stattfindet, sondern vielmehr immer auch Stadt-Kultur sein muss. In Konsequenz heißt das gerade für eine Bauaufgabe wie ein Grand Theater, dass Welt und Bühne zusammen und in Wechselwirkung zu denken sind. Für uns Architekten könnte Shakespeares Satz elementares architektonisches Credo sein.

Das Zitat stammt aus dem Stück *Wie es euch gefällt*. Auch das ist eine Frage, die den Architekten stets beschäftigt. Wie finde ich einen Entwurf, der gefällt? Denn das muss er. Und, genauso wichtig: Wie vermeide ich einen Entwurf, der gefällig ist, also beliebig und also schlecht? Wie baut man das zusammen, buchstäblich: die Bühne und die Stadt? Und zwar so, dass das Ergebnis „euch" – also den Bürgern, den Nutzern, der Öffentlichkeit – gefällt und zugleich den Maßgaben entspricht, die moderne große Bühnenbauten – Theater-, Konzert- und Opernhäuser – erfüllen müssen? Maßgaben wie Originalität, Zeichenhaftigkeit, Repräsentativität, Ästhetik auf der einen Seite und Multifunktionalität, Wirtschaftlichkeit, Effizienz auf der anderen.

Die Fragen, die sich insbesondere bei Bauaufgaben in kulturellen Zusammenhängen stellen, gehen somit über rein architektonische Fragen weit hinaus. Sie haben unser Büro im Laufe der Jahrzehnte immer wieder beschäftigt – und immer wieder neu, immer wieder anders. So, wie sich Dirigenten oder Regisseure immer wieder neu und anders mit denselben künstlerischen Fragen und demselben künstlerischen Material auseinandersetzen.

Entsprechend unterschiedlich stellen sich die konkreten architektonischen Antworten auf diese Fragen dar. Ein bekannter Architekturkritiker bezeichnete das kreisrunde und konsequent verglaste Foyer der von uns entworfenen und 1994 eingeweihten Musik- und Kongresshalle in Lübeck (MuK) als „eine vor Wind und Wetter geschützte Stadt-Loggia". Der ganze Bau sei dabei allerdings „von bewegter Strenge". Einen gänzlich anderen Charakter hat das Tempodrom in Berlin, eröffnet 2001. Im Wortsinn bewegt sind die Ursprünge dieser Zeltarchitektur aus Beton, weil am Anfang ein Zirkuszelt stand, das an verschiedenen öffentlichen Plätzen beziehungsweise auf diversen Brachen in Berlin aufgeschlagen wurde und alternativen Kulturevents eine zwar improvisierte und mobile, doch umso vitalere Heimstatt bot. Dies sind nur zwei von vielen Beispielen dafür, dass die Art und Weise, wie Kultur- und Veranstaltungsbauten mit dem „Leben da draußen" interagieren können, so vielfältig ist wie dieses Leben selbst.

→ Fortsetzung Seite 14

"All the World's a Stage"
The Tianjin Grand Theater

Meinhard von Gerkan

The urban development context of the Tianjin Grand Theater is exceptional: it forms the conclusion of a new Culture Park, whose buildings line the shores of an artificial lake in the center of the metropolis. From this body of water a generous flight of steps leads up to the raised entrance level of the theater and thus forms an equally generous open space.

Officially, the Grand Theater in Tianjin offers "only" three stages, an opera hall, a concert hall, and a smaller multifunctional hall. The fourth and perhaps most important "stage," however, is to be found on the outside. It consists of said open space in front of the entrance and represents an urban area that can also be used for open-air performances. In this respect, the word "stage" is to be taken quite literally. This aspect is of particular importance in China because classical Chinese opera used to (and still does) take place in the open air. Although the idea of the opera as an elitist temple of high culture, which takes an educated elite inside and leaves the rest outside, is no longer that dominant in Europe either, it is a concept that has always been altogether alien to the Chinese. And so the stepped plaza of the Grand Theater is also representative of the connection between the Chinese and Western points of view.

It allows an expansive view across the lake and the Culture Park. It is a place of relaxation, stimulation, exchange, and communication: a cultural place. This is where the cultural and the mundane meet, all the world and his wife, so to speak.

"All the world's a stage" is a famous line by Shakespeare. Throughout my long career I have been responsible for the design of many cultural buildings and, as with all my buildings, I have always felt an obligation to society. That is why this quotation reflects the very core of my conception of cultural buildings: the conviction, that is, that there has to be an organic connection between stage and urban space. That culture must not be separated from the city in which it takes place, but must always be urban culture, too. Consequently, for a construction project such as a Grand Theater, the world and the stage should be conceived of as united and in interaction. For us architects, Shakespeare's sentence could serve as a fundamental architectural credo.

The quotation is taken from the play *As You Like It*. This too is a question that constantly occupies the architect: how do I find a design that people like? Because it has to be liked. And, just as important: how do I avoid a design that merely aims to please, in other words, an arbitrary and therefore bad design? How do I, literally, put the stage and the city together? How can I make "you" like it (i.e., the citizens, the users, the public) without neglecting the requirements that must be met by modern large-scale stage constructions such as theaters, concert halls, and opera houses? Requirements such as being original, iconic, representative, and aesthetic on the one hand, and being multifunctional, economic, and efficient on the other?

The questions that arise, particularly, with regard to building projects in cultural contexts go far beyond purely architectural questions. They have occupied our office repeatedly over the decades—and always in new and different forms. Just as conductors or directors deal with the same artistic questions and the same artistic material over and over again—always in a new and different way.

The specific architectural answers to these questions vary accordingly. A well-known German architecture critic described the circular and entirely glazed foyer of the Music and Congress Hall in Lübeck (MuK), designed by us and inaugurated in 1994, as "an urban loggia protected from wind and weather." According to the critic, though, the character of the entire building was also one of "moving rigor." The Tempodrom in Berlin, opened in 2001, has an entirely different character. Yet the word "moving" can be applied to the origins of this tent-like architecture made of concrete, too, because it started as a circus tent that was pitched at different public places or on wasteland in Berlin. It provided alternative cultural events with a home, which was, while improvised and mobile, all the more vibrant. These are just two of many examples illustrating the fact that the ways in which cultural and event buildings can interact with "life out there" are as diverse as that life itself.

→ Continued on page 14

Dieses Buch stellt nun mit dem Tianjin Grand Theater ein weiteres unserer Beispiele vor, Welt und Bühne zu verbinden. Äußerlich-architektonisch mag es weder mit der MuK noch mit dem Tempodrom viel gemein haben. Es ist mit ihnen aber insofern verwandt, als es selbst zu einer Art städtischen Bühne wird und dabei seinen städtebaulichen Kontext in den Entwurf integriert.

Das Theater, in dem Shakespeare wirkte und das vermutlich mit einer Aufführung von *Wie es euch gefällt* eröffnet wurde, nahm übrigens ebenfalls „das Leben da draußen" nach innen beziehungsweise verwischte die Grenze zwischen Innen und Außen. Man hat es sich als eine Mischung aus rundumbauter Drei-Rang-Open-Air-Arena, Marktplatz und Kollektivkneipe vorzustellen. Nicht umsonst war es nach der Welt selbst benannt und hieß: The Globe.

With the Tianjin Grand Theater this book now presents a further example of how we connect the world and the stage. In terms of appearance and architecture, it may not have much in common with either the MuK or the Tempodrom. But, it is related to them in the sense that it becomes a kind of urban stage in itself, thereby integrating its urban development context into the design.

Incidentally, the theater where Shakespeare worked, and which was quite probably opened with a performance of *As You Like It*, also took "life out there" inside itself or at least blurred the boundary between the inside and the outside. One has to imagine that theater as a mixture of an in-the-round, three-tiered open-air arena, marketplace, and collective pub. There was a reason it was named after the world itself: the Globe.

Bau der Bühne, Bau als Bühne: Gerüststellarbeiten während der Errichtung des Theaters
The building of the stage, the building as the stage: scaffolding work during the construction of the theater

Rausch und Ratio - Bauen in Tianjin

Stephan Schütz

Als uns im April 2009 die Anfrage erreichte, ob wir bereit wären, in einem nur zweiwöchigen Wettbewerb einen Entwurf für den zentralen Theaterkomplex in Tianjin zu erarbeiten, waren wir nur begrenzt erstaunt über den engen Zeitrahmen, den uns der Bauherr setzte. Vielmehr hatten wir uns schon mit der rasanten Geschwindigkeit, mit der in China Projekte mit beachtlichen Dimensionen umgesetzt werden, vertraut machen können. Seit einigen Jahren beschäftigten wir uns bereits mit der Planung des Westbahnhofs, der die Stadt an der Schnellbahnstrecke zwischen Peking und Shanghai einbinden sollte. Zudem war ein biotechnisches Laborzentrum gerade im Bau. Seit der Gründung unseres Büros in Peking 2002 schauten wir mit großem Interesse auf die atemberaubende Entwicklung Tianjins, das mit seinem Hafen, vor allem aber mit der Entwicklungszone TEDA (Tianjin Economic and Technological Development Area) jede Menge Arbeit für nationale und internationale Architekten offerierte. Der Druck, die Stadt in kürzester Zeit zu einer internationalen Metropole umzubauen, resultierte in einer gewaltigen Kraftanstrengung aller an der Planung Beteiligten. Alle Fäden liefen im Stadtplanungsamt zusammen, welches eine Vielzahl von großen Projekten synchron zu organisieren hatte.

Wer also in Tianjin bauen wollte, musste die rasanten Bedingungen akzeptieren, und so sagten wir unsere Teilnahme an dem internationalen Wettbewerb für den Neubau des Tianjin Grand Theaters zu.

Anders als in vielen Metropolen Chinas, die mithilfe von Kulturbauten die Entwicklung neuer Stadtareale forcieren, entschied man sich in Tianjin für einen Standort mitten in der Altstadt. Auf das in China häufig vorzufindende Aufeinandertreffen von politischen Repräsentationsbauten sowie Kulturstätten, die sich gewissermaßen als Pendants im Stadtraum begegnen, wurde hier verzichtet. Auf einem 90 Hektar großen Areal sollten Bauten für Kultur und Bildung mit einer Gesamtfläche von einer Million Quadratmeter entstehen, gruppiert um einen zentral angelegten künstlichen See. Obwohl das Theater mit 90.000 Quadratmetern das weitaus größte Bauvorhaben darstellte, wurde der Wettbewerb als letzter in einer Reihe von internationalen Verfahren ausgelobt.

So trafen wir auf einen teils gebauten, teils geplanten Kontext, der eine Reihe kubisch kompakter Baukörper auf der Südseite des Sees vorsah. Hier planten Riken Yamamoto aus Tokio eine Bibliothek, KSP Jürgen Engel Architekten aus Frankfurt das Museum für zeitgenössische Kunst sowie das chinesische Büro SCUT aus Guangzhou das neue Tianjin Museum. Dieses bereits 2004 eröffnete Museum bildete den westlichen Abschluss des Kulturparks. Mit seinem hellen, gekrümmten Dach soll es an die Landung eines Schwanes auf einer Wasserfläche erinnern - ein bizarres Beispiel chinesischer Bildfantasie in Bezug auf zeitgenössische Architektur.

Da das Theater gewissermaßen als Pendant zum vorhandenen Museum den östlichen Abschluss des Parks bilden sollte, nahmen wir dessen durchaus prägnante Kreisgeometrie auf und verbanden sie mit einem spannungsvollen Bogenkontor entlang des nördlichen Seeufers. Entscheidend für die Konzeption war jedoch der Gedanke, eine städtische Bühne zu schaffen, die als eine etwa 250 Meter lange Stufenanlage aus der Wasserfläche emporwachsen sollte, um den Einwohnern der Stadt und den Besuchern des Parks Gelegenheit zu geben, hier zu verweilen und das beeindruckende Panorama über die weite Wasserfläche hinweg zu genießen. Dass die Wirkung des Sees später um eine aus Las Vegas importierte Wasserorgel mit modernster Licht- und Tontechnik gesteigert werden sollte, konnten wir zur Zeit des Entwurfs nicht ahnen.

Unser Konzept sah vor, dass ein raumhaltiger Dachkörper die städtische Bühne überspannen und die drei Baukörper des Opernhauses, des Konzertsaals sowie des Multifunktionssaals miteinander verbinden sollte. Der Sockelbau symbolisiert die Erde, das schwebende Dach den Himmel. Mit dieser Dualität wurde ein zentrales Thema der chinesischen Philosophie aufgenommen, was unseren Entwurf im dortigen Kontext nachvollziehbar machte.

→ Fortsetzung Seite 20

Ratio and Rapidity – Building in Tianjin

Stephan Schütz

When we received the inquiry in April 2009 asking if we were willing to come up with a draft for the central theater complex in Tianjin as part of a competition that was running for only two weeks, we were only mildly amazed by the tight timeframe that the client had set us. In fact, we were already familiar with the rapid rate at which projects of very considerable dimensions are implemented in China. For several years, we had already concerned ourselves with the planning of the West Railway Station, which was to connect the city with the high-speed railway between Beijing and Shanghai. In addition, a biotech laboratory center was currently under construction.

Since the establishment of our office in Beijing in 2002 we have followed with great interest the breathtaking development of Tianjin. It was offering a great deal of work for national and international architects with its harbor, and in particular with the TEDA (Tianjin Economic and Technological Development Area). The pressure to rebuild the city as an international metropolis in a very short time resulted in a huge effort by all those involved in the planning. All the threads came together in the city planning office, which had to organize a multitude of large-scale projects in sync.

Therefore, anyone wishing to build in Tianjin had to accept the fast-moving conditions; and so we agreed to participate in the international competition for the construction of the Tianjin Grand Theater.

Unlike many major cities of China, which expedite the development of new urban areas by means of cultural buildings, Tianjin decided in favor of a location in the middle of the old town. The encounters between prestigious political buildings and cultural sites that happen so frequently in China, making them counterparts in the urban space, were dispensed with here. Buildings for culture and education, with a total area of one million square meters, were to be created on a ninety-hectare site, grouped around a central artificial lake. Although the 90,000-square-meter theater was by far the largest construction project, the competition was the last one to be held in a series of international procedures.

And so we were met with a partly built, partly planned context, which provided for a series of cubically compact structures on the south side of the lake. Riken Yamamoto from Tokyo planned a library here, KSP Jürgen Engel Architekten of Frankfurt the Museum of Contemporary Art, and the Chinese office SCUT from Guangzhou the new Tianjin Museum. This museum, opened in 2004, formed the western end of the Culture Park. With its light, curved roof, it is intended to evoke the landing of a swan on a body of water – a bizarre example of Chinese visual imagination with regard to contemporary architecture.

As the theater was to a certain degree supposed to form the eastern conclusion of the park as a counterpart to the existing museum, we took up the latter's distinctive circular geometry and combined it with a captivating arc-shaped office building along the northern shore of the lake. A critical aspect of the design, however, was the idea of creating an urban stage, which was to grow up out of the water as a 250-meter-long flight of steps in order to give the city's residents and visitors to the park the opportunity to spend time here and enjoy the impressive panorama across the large body of water. At the time of the draft we had no way of knowing that, later on, a musical fountain imported from Las Vegas with state-of-the-art lighting and sound equipment was supposed to heighten the effect of the lake.

Our concept provided for a spacious roof structure spanning the urban stage and connecting the three buildings of the opera house, the concert hall, and the multifunctional hall. The base structure symbolizes the earth, the floating roof the sky. This duality takes up a central theme of Chinese philosophy, rendering our design cogent in the local context.

By orienting the theater to the body of water, however, a special typological case emerged: the access side of the theater is not the front side. Visitors can walk to the elevated podium of the theater from the north and south sides via broad steps. Another flight of steps takes them up to the main access level, which is about five meters above the urban space. All vehicular traffic passes by the east side of the building.

→ Continued on page 21

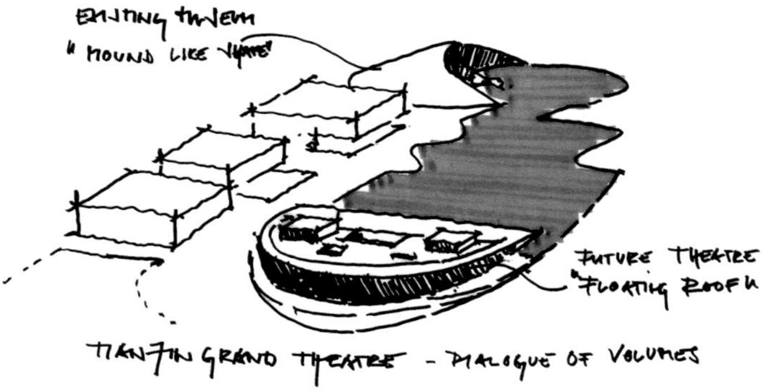

↗ Der unmittelbare städtebauliche Kontext des Theaters. Links die Tianjin Library, dahinter das Tianjin Art Museum und das Museum des Architectural Design Institute der South China University of Technology. Rechts das Tianjin Museum of Natural Science
The immediate urban context of the theater. The Tianjin Library to the left, behind it the Tianjin Art Museum and the Museum of the Architectural Design Institute of the South China University of Technology. To the right: the Tianjin Museum of Natural Science

↑ Skizze Stephan Schütz
Sketch Stephan Schütz

↖ ↑ Die Treppenanlage ist so großzügig, dass sie selbst als Freiluftbühne genutzt werden kann.
Due to their grand scale, the stairs can be used as an open air stage themselves

Durch die Ausrichtung des Theaters zur Wasserfläche entstand jedoch ein typologischer Sonderfall: Die Erschließungsseite des Theaters stellt nicht gleichzeitig die Schauseite dar. Die Besucher gelangen zu Fuß von der Nord- und Südseite über breite Treppen auf das erhöhte Podium des Theaters. Über eine weitere Treppenanlage geht es auf die Haupterschließungsebene, die etwa fünf Meter über dem Stadtraum liegt. Der gesamte Fahrverkehr führt auf der Ostseite am Gebäude vorbei.

Wie beim zur selben Zeit von uns geplanten Theater in Qingdao sind die Versammlungsräume als voneinander unabhängige Baukörper konzipiert. Auf diese Weise lassen sich - ebenfalls voneinander unabhängige - Veranstaltungen zeitgleich in den verschiedenen Häusern organisieren, ohne dass es zu einer Vermischung der jeweiligen Besucherströme kommt. Die Verbindung über die Gebäudesockel schafft Synergie und Effizienz, da hier Probenräume und Umkleiden sowie andere Hintergrundfunktionen überlappend genutzt werden können. Anders als in Qingdao wurde das Dach in Tianjin als nutzbarer Raum konzipiert, in dem vor allem gastronomische Einrichtungen sowie Räume für Musikerziehung und Fortbildung untergebracht sind. Diese können wiederum separat erschlossen werden, sodass auch hier der konzeptionelle Ansatz einer kollektiven städtischen Einrichtung zum Tragen kommt.

So faszinierend die Größe und Ambition des Gesamtprojekts für uns waren, so beeindruckend war auch das Prozedere, bei dem eine Vielzahl nationaler wie internationaler Architektur- und Planungsbüros zusammenwirkten. Allein in unserem Team arbeiteten zahlreiche renommierte Fachplanungsbüros zusammen: schlaich bergermann und partner in der Tragwerksplanung, Mueller-BBM für die Akustik, für die Bühnen- und Veranstaltungstechnik Kunkel Consulting, Conceptlicht in der Lichtplanung sowie unser chineschischer Planungspartner ECADI aus Shanghai.

Im Stadtplanungsamt der Stadt Tianjin befindet sich ein Konferenzsaal mit einer etwa 20 Meter langen Projektionswand und einem gigantischen kreisrunden Konferenztisch. Der zuständige Leiter des Planungsamtes, Herr Shen Lei, lud alle Beteiligten in engen Intervallen ein, um den Fortgang der Planungen zu begutachten und das Zusammenwirken der einzelnen Ansätze in Bezug auf Architektur und Freiraumplanung zu diskutieren. Hieraus ergaben sich trotz der Vielzahl der Beteiligten kollektive Konzeptionen. Sichtbar wird all das heute in der Übereinstimmung der hellen Natursteinmaterialien, der Gliederung und Rhythmisierung der Baukörper sowie in einer aufeinander abgestimmten Höhenentwicklung der Bauten.

Das dominierende Element des Parks war jedoch von Anfang an der zentrale See, der mit seiner vielfältigen Ufergestaltung für die 50.000 bis 80.000 Besucher Tag für Tag zum Wohnzimmer der Stadt im besten Sinne wird.

Mit über 300 Veranstaltungen im Jahr ist das - in nur zwei Jahren fertiggestellte - Theater ein Glücksfall im Vergleich zu vielen anderen Häusern ähnlicher Widmung in China. International renommierte Musiker wie Riccardo Muti, Vladimir Ashkenazy, Anne-Sophie Mutter, Gidon Kremer, Sergei Krylow und das Emerson String Quartet gastierten hier bereits. Weltweit angesehene Orchester wie das Royal Philharmonic Orchestra aus London, das Orchestre Philharmonique de Radio France oder das Chicago Symphony Orchestra spielten bereits im neuen Konzertsaal, der mit seinen terrassierten Zuschauerrängen und seinem mittig angeordneten Konzertpodium ein für China völlig neuer Saaltypus ist.

Nach Aussagen des Direktors des Tianjin Grand Theaters, Qian Cheng, war seit 1979 keine einzige Oper mehr in der 15-Millionen-Metropole gespielt worden. Insofern ist der Erfolg des Hauses beeindruckend, das mittlerweile nach dem National Center for Performing Arts in Peking das erfolgreichste Theater Chinas ist. Zu wünschen wäre jedoch, dass eigene Ensembles, Orchester und Kompagnien entstehen. Die derzeitige Praxis des Gastspielbetriebs könnte somit zu einer Übergangsphase im Kulturleben Chinas werden. Die allerorten wahrnehmbare Begeisterung für die traditionelle Kultur des Landes wie auch für westlich geprägte Musik ist ohne Zweifel ein Beweis dafür, dass sich dieser Schritt lohnen würde.

As with the theater in Qingdao planned by us at the same time, the assembly rooms are designed as independent structures. In this way, independent events can be organized simultaneously in the different buildings without causing the respective streams of visitors to become mixed. The connection via the base of the building is both synergistic and efficient, since rehearsal and dressing rooms as well as other background functions can be used in overlap here. Unlike in Qingdao, the roof in Tianjin was conceived as a usable space where mainly gastronomic facilities but also rooms for music teaching and further education are housed. These can in turn be accessed separately, so that the conceptual approach of a collective urban facility is also brought to bear here.

As fascinating as the magnitude and ambitiousness of the overall project was for us, we were equally impressed by the procedure of how a large number of national and international architects and planners worked together. In our team alone, collaboration took place between numerous renowned specialist planning offices: schlaich bergermann und partner in structural design, Mueller-BBM for the acoustics, Kunkel Consulting for stage and event equipment, Conceptlicht for lighting design, and our Chinese planning partner ECADI from Shanghai.

In the urban planning department of the city of Tianjin there is a conference hall with a twenty-meter projection screen and a gigantic, circular conference table. The head of the planning department, Shen Lei, invited all parties at short intervals to assess the progress of the plans and to discuss the interaction between the various approaches with regard to architecture and open space planning. Despite the large number of participants, this produced collective conceptions. Today this is all visible in the congruity of the light, natural stone materials, the organization and rhythmization of the buildings, and the coordinated height development of the buildings.

Yet the dominant feature of the park from the very outset was the central lake, which, with its varied shoreline, is becoming the living room of the city in the best sense for the 50,000 to 80,000 visitors who come day after day.

With more than 300 events a year, the theater, completed in just two years, is a godsend compared to many other buildings of a similar nature in China. Internationally renowned musicians such as Riccardo Muti, Vladimir Ashkenazy, Anne-Sophie Mutter, Gidon Kremer, Sergei Krylov, and the Emerson String Quartet have already given guest performances here. Orchestras of worldwide repute such as the Royal Philharmonic Orchestra of London, the Orchestre Philharmonique de Radio France, or the Chicago Symphony Orchestra have already played in the new concert hall, a completely new type of hall for China with its terraced rows of seats and its centrally located concert stage.

According to the Director of the Tianjin Grand Theater, Qian Cheng, before the opening of the theater, not a single opera had been performed in the fifteen-million metropolis since 1979. In this respect, the success of the theater is impressive, and according to the National Center for Performing Arts in Beijing it is now the most successful in China. It would be desirable, however, to see the emergence of home-grown ensembles, orchestras, and companies. The current practice of guest performances could thus be a transitional phase in the cultural life of China. The ubiquitously tangible enthusiasm for the traditional culture of the country as well as for Western-influenced music is undoubtedly proof that this would be a worthwhile step.

Im Klange von Raum und Stadt
Das Tianjin Grand Theater

Ein Essay von Jürgen Tietz

I ——— Das Zusammenspiel von Musik und Architektur besitzt eine ganz besondere Tradition, die sich bei näherer Betrachtung als ein faszinierender Spiegel der jeweiligen Zeit erweist. Die Wechselwirkung der Kunstgattungen reicht dabei von den gregorianischen Chorälen in den hohen Hallen der mittelalterlichen Kathedralen über die rationale Ordnung, die den musikalischen und architektonischen Kompositionen der Renaissance zugrunde lag, bis hin zu den Bauten der Moderne. So entwarf der Architekt Erich Mendelsohn seine expressiv-dynamischen Architekturvisionen[1] in den 1920er-Jahren bei den Klängen seines Grammophons. Wahlweise gab er sich den Rhythmen des modernen Jazz hin oder der melodischen Strenge der Barockmusik von Johann Sebastian Bach, in dessen Partituren er hineinskizzierte.

Im Zusammenklang der Töne entstehen akustische Räume, und im Zusammenklang der Architekturen erwachsen städtische Welten. Wie die Noten einer Melodie bildet das Zusammenspiel einzelner Bauwerke eine städtebauliche Notation. Ihre Bausteine formulieren durch ihre Größe, ihre bauliche Dynamik, ihre Stellung im Raum eine Vielfalt in der Einheit. Vergleichbar der tradierten Form der Sätze einer Sonate oder einer Symphonie fügen sie sich zu einem Ganzen zusammen. Aber erst durch die Wahrnehmung der Hörer und Betrachter erschließt sich dieses Ganze in seiner vollen Bedeutung und Schönheit.

Nirgendwo aber ist der Klang der Architektur so unmittelbar zu vernehmen wie in den großen Konzerthäusern der Welt. Allen voran der Gründungsbau der modernen Konzerthäuser, Hans Scharouns berühmte Berliner Philharmonie von 1963[2], die neben einem landschaftlich geprägten Innenraum, der an die Terrassen eines Weinbergs erinnert, auch eine melodische Dimension besitzt.

II ——— Seit Längerem prägen herausragende asiatische Künstler auf den Konzert- und Opernbühnen den internationalen Musikbetrieb. Der chinesische Pianist Lang Lang bildet dabei lediglich die Spitze einer Phalanx großartiger Musiker, die mit ihren Interpretationen europäischer Musik aus den unterschiedlichsten Epochen weltweit ihr Publikum verzücken. Gleichwohl ist gerade das chinesische Publikum keineswegs besonders gut mit der europäischen Musik vom Mittelalter bis zur Moderne vertraut. Als Teil einer Initiative der Kommunistischen Partei Chinas zur kulturellen Bildung und eines Kulturimports von West nach Ost sind deshalb in China in den letzten Jahren zahlreiche neue Konzerthäuser nach Entwürfen internationaler Architekten entstanden.

Gleich mehrfach waren die Architekten von Gerkan, Marg und Partner bereits mit dieser besonderen Bauaufgabe beauftragt. So entstand die 2009 eröffnete Oper in Chongqing nach dem Entwurf von Meinhard von Gerkan in Zusammenarbeit mit Nikolaus Goetze und in Zusammenarbeit mit Stephan Schütz das 2010 fertiggestellte Grand Theater in Qingdao.

Wie immer, wenn es um das Bauen in China geht, kommt auch bei den Grand Theaters der bildhaften Wirkung eines Gebäudes eine enorme Bedeutung zu. Darin unterscheidet sich das chinesische Architekturverständnis grundlegend von dem weit stärker funktionalistisch geprägten europäischen. Daher haben Meinhard von Gerkan und Nikolaus Goetze mit ihrer Oper in Chongqing am Ufer des Jangtsekiang die Schiffmetapher aufgegriffen, während von Gerkan in Qingdao gemeinsam mit Stephan Schütz das Motiv einer die Wolken durchstoßenden Berglandschaft als eine Referenz an die umgebende Landschaft wählte. Demgegenüber greift die zwischen 2010 und 2012 errichtete Oper das Thema des auskragenden Daches als „Königselement" der chinesischen Architektur auf.

Mit ihrem Entwurf setzten sich von Gerkan und Schütz in einem international besetzten Architektenwettbewerb unter anderem gegen das chinesische Architekturbüro East China Architectural Design & Research Institute und die Niederländer OMA durch.

1

Space and City in Harmony
The Tianjin Grand Theater

An essay by Jürgen Tietz

I ________ The interplay between music and architecture has always had a special tradition. On closer inspection it proves to be a fascinating mirror of the respective period. The interaction of the two artistic genres ranges from Gregorian chants in the high halls of medieval cathedrals through the rational order that formed the basis of the musical and architectural compositions of the Renaissance to the buildings of the modern age. The architect Erich Mendelsohn, for example, created his expressive dynamic architectural visions[1] in the nineteen-twenties to the sounds of his gramophone. He indulged in the rhythms of modern jazz or the melodic austerity of the baroque music of Johann Sebastian Bach, on whose scores he drew his sketches.

In the harmony of tones, acoustic spaces emerge, and in the harmony of architectures, urban worlds are created. Like the notes of a melody, the interplay between individual buildings forms an urban notation. Their building blocks formulate diversity in unity with their size, their structural dynamics, their position in space. Comparable to the traditional form of the movements of a sonata or a symphony, they fit together to form a whole. But it is only through the perception of listeners and viewers that this entity unfolds in all its significance and beauty.

But nowhere can the sound of architecture be heard so immediately as in the great concert halls of the world. Leading the way is the founding building of modern concert halls, Hans Scharoun's famous Berliner Philharmonie completed in 1963[2], which, in addition to its landscape interior reminiscent of the terraces of a vineyard, also possesses a melodic dimension.

II ________ For some time now, outstanding Asian artists have featured heavily in the international music business on concert and opera stages. The Chinese pianist Lang Lang forms only the tip of a phalanx of great musicians captivating audiences worldwide with their interpretations of European music from a wide variety of eras. Nevertheless, Chinese audiences are by no means familiar with European music from the Middle Ages to modern times. Thus, as part of an initiative of the Communist Party of China for cultural education and the importing of culture from west to east, numerous new concert halls have emerged in recent years, based on designs by international architects.

2

The architects von Gerkan, Marg and Partners had already been entrusted with this special building task more than once. Examples include the Opera House in Chonqing opened in 2009 and designed by Meinhard von Gerkan in cooperation with Nikolaus Goetze, and the Qingdao Grand Theater completed in 2010 in collaboration with Stephan Schütz.

As always, when it comes to constructing in China, the metaphorical effect of a building is of enormous significance for the Grand Theater as well. It is here that the Chinese understanding of architecture is fundamentally different from the far more functionalistically informed European view. That is why Meinhard von Gerkan and Nikolaus Goetze took up the ship metaphor with their opera house in Chongqing on the banks of the Yangtze River, while von Gerkan and Stephan Schütz chose the motif of cloud-piercing mountains in Qingdao as a reference to the surrounding landscape. In contrast, the Tianjin opera house built between 2010 and 2012 takes up the theme of the cantilevered roof as a "crowning element" of Chinese architecture.

In an international architectural competition, the design submitted by von Gerkan and Schütz won through against entrants that included the Chinese architectural practice East China Architectural Design & Research Institute and the Dutch architects OMA.

III ——— Die Millionenstadt Tianjin liegt rund zwei Autostunden südöstlich von Peking, unweit des Gelben Meeres. Die Tradition der Hafen- und Handelsstadt reicht bis in das Mittelalter zurück.

Im 19. Jahrhundert gehörte die Stadt dann zu jenen Territorien in China, die stark von europäischen Mächten beeinflusst wurden und in denen diese sogenannte Konzessionen, Handelsstationen, einrichteten. So kam es, dass dort bereits zu Beginn des 20. Jahrhunderts eine der ersten deutschen Schulen in China entstand. Heute leben in der Region Tianjin über zehn Millionen Einwohner, während das eigentliche Stadtgebiet rund vier Millionen zählt.

Trotz des inzwischen leicht verlangsamten chinesischen Wirtschaftswunders gebiert der anhaltende Bauboom in China nicht nur immer neue Wohn- und Bürohochhäuser, dank derer die für deutsche Verhältnisse unvorstellbar gigantischen und extrem dicht bebauten Megacitys des Landes weiter wachsen. Wachstum und Transformation der Städte im Reich der Mitte haben gerade im letzten Jahrzehnt auch zahlreiche qualitätvolle Kulturareale wie in Tianjin mit bemerkenswerter Architektur entstehen lassen. Dort bildet das Grand Theater den östlichen Abschluss des neuen Kulturparks, dessen einzelne Bauten sich um einen künstlichen See mit einer Wasserorgel gruppieren.

Seitlich des Baus schließen sich die drei kubischen Baukörper einer Bibliothek des Japaners Riken Yamamoto[3], des Kunstmuseums des Deutschen Jürgen Engel[4] und des Tianjin Museums des Architectural Design Institut der South China University of Technology (SCUT)[5] an. Den eigentlichen Auftakt des Areals aber bildet das auf kreisförmigem Grundriss errichtete Tianjin Museum of Natural Science[6]. Entworfen hat es der Japaner Mamoru Kawaguchi, der schon mit Kenzo Tange bei den Bauten für die Olympischen Spiele in Tokio 1964 als Ingenieur zusammengearbeitet hat.

Die Gestaltung des Grand Theaters nimmt mit seiner Dachform das im Naturkundemuseum formulierte Motiv des Kreissegments auf. Daraus entsteht ein Wechselspiel aus Motiv und Variation, ein (stadt-)räumlicher Zusammenklang, der die besondere Wirkung des weitläufigen Kulturensembles an seinen Endpunkten stärkt. Dank dieser kraftvoll bildhaften Geste stellt das Grand Theater den optischen Höhepunkt des Kulturquartiers dar. Dessen Raumfindung war das Ergebnis eines Planungsprozesses, an dem die einzelnen projektbeteiligten Architekturbüros sowie das Stadtplanungsamt von Tianjin mitwirkten. Unter dessen Regie wurden die städtebauliche sowie die architektonische Gestaltung der einzelnen Bauwerke abgestimmt und beispielsweise die Schnittstellen in der Freiraumplanung geklärt. Daraus ergab sich die klare Orientierung des Grand Theaters zum See. Damit verbunden war die Aufwertung der Grünflächen, die zuvor eher als ein Park im Rückraum der Gebäude definiert gewesen waren. Als Konsequenz dieser Absprachen kehrte sich auch die Eingangssituation der anderen Kulturbauten um, sodass ein weitläufiger Park entstehen konnte, der den zentralen See mit einer großen, schweifartigen Plaza begleitet.

IV ——— Mit ihrer schönen Schwester in Qingdao verbindet die Oper in Tianjin unter anderem ihre Grundstruktur: Die drei Konzertkuben stehen frei verteilt auf einer mit chinesischem Granit gepflasterten Plattform, die die Gebäudegruppe zu einer Einheit zusammenbindet. Darüber liegt das luftige Dach aus silbern beschichteten Aluminiumlamellen auf, das in der Aufsicht einen weit gefassten Segmentbogen nachzeichnet, der sich zum See öffnet. Von den Bühnentürmen als Höhendominanten durchstoßen, fasst es die Großform zusammen. Eine repräsentative Freitreppe führt auf der gesamten Front vom See zu der erhöhten Plattform empor und hebt das Grand Theater so optisch und in seiner Bedeutung über das Bodenniveau und damit zugleich über den Alltag hinaus.

III ________ The metropolis of Tianjin is situated about a two hours' drive south-east of Beijing and not far from the Yellow Sea. The tradition of the port and trading city dates back to the Middle Ages.

In the nineteenth century, the city was one of the territories in China which were heavily influenced by European powers and in which the "concessions" or trading stations established themselves. This explains why one of the first German schools in China emerged there as early as the beginning of the twentieth century. Today over ten million people live in the Tianjin region, while the city zone itself has around four million inhabitants.

Despite the fact that the Chinese economic miracle has slightly slowed down by now, the sustained construction boom in China not only brings forth more new residential and office high-rises. And not only does it keep the megacities of the country growing, which by German standards are inconceivably gigantic and extremely densely populated. The growth and transformation of the cities in the People's Republic have also produced numerous high-quality cultural sites with remarkable architecture, especially in the last decade. Such as that in Tianjin. There, the Grand Theater forms the eastern conclusion of the new Culture Park, whose individual buildings are grouped around an artificial lake with a musical fountain.

To the side of the building are the three cubic structures of the library designed by Japanese architect Riken Yamamoto[3], the art museum by German architect Jürgen Engel[4], and the Tianjin Museum by the Architectural Design Institute of the South China University of Technology (SCUT)[5]. However, the actual starting point of the site is formed by the Tianjin Museum of Natural Science[6] built on a circular floor plan. It was designed by Japanese architect Mamoru Kawaguchi, who worked as an engineer with Kenzo Tange on the buildings for the 1964 Olympic Games in Tokyo.

With its roof shape, the design of the Grand Theater takes up the motif of the circle segment formulated in the Natural History Museum. This creates an interplay of motif and variation, a harmonization of (urban) space that strengthens the distinctive effect of the extensive cultural ensembles at its endpoints. Thanks to this powerful metaphorical gesture the Grand Theater is the visual highlight of the cultural district. The determination of its space was the result of a planning process in which both the individual architectural firms involved in the project and the urban planning department of Tianjin took part. Under the latter's direction, the urban development and architectural design of the individual buildings were coordinated and, for example, the interfaces in the open space planning clarified. The result was the clear orientation of the Grand Theater to the lake. This decision involved the enhancement of the green areas, which had been previously defined as a park, in the space behind the building. As a consequence of these agreements, the entrance situation of the other cultural buildings was also reversed, so that a spacious park was created, accompanying the central lake with a large, tail-shaped plaza.

IV ________ One of the things that connects the opera house in Tianjin with its beautiful sister in Qingdao is its basic structure: the three concert cubes are freely distributed on a platform paved with Chinese granite that binds the group of buildings together into a single unit. Above them lies the airy roof made of silvery-coated aluminum fins. In the top view, the roof traces a broad segmental arch which opens out to the lake. Pierced by the stage towers as height dominants, it outlines the overall form. An impressive flight of stairs leads along the entire front from the lake up to the raised platform and thereby raises the Grand Theater visually and in its significance above ground level and, by association, above everyday life.

7

Die Idee, unterschiedliche Funktionen auf einer Verteilerplattform wie auf dem Podium eines antiken Tempels zusammenzubinden und dadurch ein öffentliches Gebäude besonders hervorzuheben, gehört seit der Gründung von gmp im Jahr 1965 zu den Leitmotiven in der Architektur Meinhard von Gerkans. Dadurch gelingt es ihm, entsprechend seiner Architekturphilosophie die Einfachheit bei der Lösung einer Bauaufgabe und deren strukturelle Ordnung mit ästhetischer Unverwechselbarkeit erfolgreich zu verbinden.

Zwischen den Veranstaltungskuben erstrecken sich großzügige Freiflächen. Sie laden zum Flanieren und Schauen ein. Zugleich geben sie der Architektur den notwendigen Platz, um ihre Wirkung zu entfalten, und lassen dabei spannungsvolle Stadträume entstehen. Dank ihrer versetzten Anordnung entstehen zwischen den Bauten besondere Räume, die in ihrem Zentrum einen nach oben offenen Hof einfassen. Er ermöglicht es, dass Tageslicht ungefiltert bis in das Innere des tiefen Komplexes eindringen kann. Es entsteht ein reizvolles Wechselspiel aus offenen und geschlossenen Bereichen, eine abstrakte Raumkomposition mit wirkungsvoller Dynamik, die sich durch den Wechsel des Lichts im Rhythmus der Tages- und Jahreszeiten ihren unterschiedlichen Stimmungen und farblichen Tönungen öffnet. Die Konzertkuben im Rücken, wandert der Blick von der erhöhten Plattform des Grand Theaters über das weite Kulturareal bis hinüber zur Skyline Tianjins.

V ——— Die Oper westlicher Prägung besitzt bisher keine tiefer gehende Verwurzelung in der chinesischen Alltagskultur. Deshalb verfügen auch viele Grand Theaters nicht über eigene Ensembles. Das Tianjin Grand Theater wird zentral von Peking aus durch die Veranstaltungsagentur Propel Performing Arts & Media bespielt. Hochkarätige Klassikstars aus aller Welt lassen die Konzerte und Opernabende zu einem besonderen kulturellen Erlebnis werden. Dafür schaffen die großzügig verglasten Foyers in Tianjin einen festlichen Auftakt. Die leicht schräg gestellten Fensterflächen öffnen sich zum See und dem Kulturpark. Silberne waagerechte Lamellen umhüllen die Veranstaltungskuben mit einem luftigen Gewand, das einen zarten Sonnen- und Sichtschutz bietet. Die von der Stadt vorgegebene zurückhaltend helle Farbigkeit des Grand Theaters sorgt dafür, dass die ebenfalls in hellen Materialien ausgeführten benachbarten Kulturbauten sich zwar im Detail deutlich voneinander unterscheiden, aber einen verwandten Duktus besitzen.

Mit ihrem Grand Theater haben gmp östliche und westliche Architekturmotive kunstvoll verflochten. Zur Rückseite hin abgetreppt, nimmt das große Dach des Hauses das Motiv der Schichtung der Dachtraufen auf, das kennzeichnend für die traditionelle chinesische Architektur ist. Von außen lässt sich dabei kaum erahnen, dass im rückwärtigen Bereich des Daches Räume für die Verwaltung sowie für ein Restaurant Platz gefunden haben.

Die unterschiedlich großen Säle, die unter der Dachskulptur liegen, werden einzeln erschlossen. Zugleich sind sie durch eine unterirdische Galerie miteinander verbunden. Und während der kleinste der drei Veranstaltungsräume als Black Box bewusst vollständig flexibel nutzbar ist und darauf verzichtet, räumliche Vorgaben zu machen, sind sowohl die weiten Foyers als auch die beiden großen Säle tief den Vorbildern der europäischen, ja der Berliner Architekturgeschichte verpflichtet – entsprechend dem vornehmlich europäischen Musikerlebnis, das die Besucher hier erwartet.

VI ——— Wie in allen großen Konzert- und Opernhäuser auf der ganzen Welt, kommt auch in Tianjin den Foyers eine gesteigerte Bedeutung zu, die über ihre Kernfunktionen als Zugänge zum Konzertsaal, als Pausenräume und Garderobe hinausweist. Es sind feierlich stimmende Präludien, Orte der Vorfreude und des Austauschs, des Sehens und Gesehenwerdens, des Flanierens und des Schauens. Von den Treppen und den lang gestreckten Bändern der Galerien mit ihren gläsernen Brüstungen wandert der Blick durch den Raum. Sie lassen eine festliche Membran entstehen, die sich zwischen die Stadt und die konzentrierten Konzertsäle legt. Im eleganten Schwung der Galerien, die den Raum wirkungsvoll modellieren, klingt eine luftige Adaption von Erich Mendelsohns schwebend-dynamischer Moderne nach und von Emil Fahrenkamps steinernen Fassadenwellen des Shell-Hauses in Berlin[7]. An den Wänden der Konzertsäle antwortet ein vertikales Streifenrelief aus beigefarbenem Travertin der lichten Fassade und akzentuiert die Raumwirkung zusätzlich.

The idea of tying different functions together on one distribution platform like on the podium of an ancient temple, thereby highlighting a public building, has been one of the leitmotifs in the architecture of Meinhard von Gerkan since the establishment of gmp in 1965. It allows him, in accordance with his architectural philosophy, to successfully combine simplicity of design and structural order with aesthetic distinctiveness.

Generous open spaces extend between the event cubes, inviting visitors to stroll and browse. At the same time, they give the architecture the necessary space to develop its effect and to create exciting urban spaces. Thanks to their staggered arrangement, special spaces form between the buildings, enclosing an upwardly open courtyard in their center. This allows natural light to penetrate unfiltered into the interior of the deep complex. The result is an appealing interplay of open and closed areas, an abstract spatial composition with an effective dynamic that opens up its different moods and color shades with the change of light in the rhythm of the times of day and seasons. With the concert cubes at the rear, the gaze is drawn from the raised platform of the Grand Theater over the large cultural site across to the skyline of Tianjin.

V ———— To this day, Western-style opera has not become deeply rooted in Chinese everyday culture. That is why many grand theaters do not have their own ensembles. The Tianjin Grand Theater is booked centrally from Beijing by the event agency Propel Performing Arts & Media. Top-flight classical music stars from around the world turn the concerts and opera performances into special cultural experiences. The generously glazed foyers in Tianjin provide a festive prelude, while the slightly slanting window surfaces open out on to the lake and the Culture Park. Silver, horizontal slats envelop the event cubes with an airy skin that provides privacy and gentle protection from the sun. The restrained light colors of the Grand Theater, as prescribed by the city, ensure that the adjacent cultural buildings (executed in light materials, too, but strikingly different from each other in detail) are still related in terms of style.

In their Grand Theater, gmp have intricately interwoven eastern and western architectural motifs. Stepped down toward the rear, the large roof of the building takes up the motif of the layering of the eaves so characteristic of traditional Chinese architecture. From the outside, it is not immediately apparent that space has been found in the rear area of the roof for administrative purposes and a restaurant.

The different-sized halls beneath the roof sculpture are accessed separately, yet linked by an underground gallery. And while the smallest of the three function rooms is consciously designed to be used completely flexibly as a black box and dispenses with spatial requirements, both the spacious foyers and the two large halls are deeply committed to the models of European, indeed Berlin's architectural history—in accordance with the primarily European musical experience that awaits visitors here.

8

VI ———— As in all major concert halls and opera houses around the world, the foyers in Tianjin also take on increased significance beyond their core function as entrances to the concert hall, as break rooms and as a cloakroom. They are solemnizing preludes, places of anticipation and of exchange, seeing and being seen, strolling and watching. The gaze wanders across the room from the stairs and the elongated strips of the galleries with their glass balustrades. They create a festive membrane that places itself between the city and the concentration of concert halls. The elegant sweep of the galleries that efficiently model the space is an airy adaptation of Erich Mendelsohn's floating, dynamic modernity and of Emil Fahrenkamp's stone façade waves of the Shell House in Berlin[7]. On the walls of the concert halls a vertical strip relief in beige travertine responds to the light façade and additionally accentuates the spatial effect.

Mit seinen beiden Rängen bietet der große Opernsaal bis zu 1600 Besuchern Platz. Es ist den Architekten gelungen, dem Raum mit seiner Guckkastenbühne einen sowohl würdevollen als auch intimen Charakter zu verleihen. So erwächst in ihm ein angemessener Rahmen für das dramatische Schicksalsspiel der Oper.

In seiner Gestaltung erweist sich der Saal als eine tiefe architektonische Verbeugung vor der wohl meistgespielten Oper überhaupt, vor Wolfgang Amadeus Mozarts *Zauberflöte*. Im Januar 1816 hatte die 1791 in Wien uraufgeführte Oper auch in der preußischen Residenz Berlin ihre Premiere. Dafür entwarf der klassizistische Architekt Karl Friedrich Schinkel das Bühnenbild der Sternenhalle im Palast der Königin der Nacht'[8].

Mit seinem Entwurf schrieb er sowohl Opern- als auch Architekturgeschichte: Vor dem dunkelblauen Himmelshintergrund hatte Schinkel eine Art Triumphbogen aus symmetrisch angeordneten Sternbögen geschaffen. Den unteren Abschluss bildet - wie bei einer Strahlenkranzmadonna - eine fahle Mondsichel.

In Tianjin haben gmp dieses Motiv in einen sternengleichen Lichtregen übersetzt, der sich über die warm wirkende Wandverkleidung aus Eiche ergießt und sogar bis in die Deckenöffnung für die Bühnentechnik fortsetzt. Ganz anders präsentiert sich demgegenüber der für bis zu 1200 Besucher ausgelegte Konzertsaal, der an seiner Rückseite von einem eindrucksvollen Orgelprospekt abgeschlossen wird. Herzstück des offen wirkenden Raumes ist das Podium für die Musiker, um das herum die Zuschauerränge in sanft emporsteigen. Mit seinem polygonalen Grundriss und dem Motiv der gegeneinander versetzten, gewellten Deckensegel, die über der Bühne zu schweben scheinen, greift die Architektur bewusst Motive aus der Berliner Philharmonie von Hans Scharoun[9] auf.

Die Wände sind mit heller Eiche verkleidet, die wie im Opernsaal aus akustischen Gründen horizontale Fugen aufweisen. Das fügt sich ein in die organische Wirkung des weich modellierten Raumes, der zahlreiche Assoziationen weckt: Wie die Schichten einer Gesteinsabfolge lassen die liegenden Kanneluren der Wandverkleidung den Raum emporwachsen, dessen Wände zu baumartigen Skulpturen zusammengefasst sind, zwischen denen sich die Aus- und Eingänge öffnen. Zur Decke hin laufen die Bäume in weiten Scheiben aus, die den Eindruck abstrakter Baumkronen erwecken. Wie von ferne klingt so eine Erinnerung an das große Schauspielhaus[10+11] an, das Hans Poelzig einst ebenfalls für Berlin geschaffen hatte.

9

In Tianjin fügt sich der Raumeindruck zusammen mit den Zitaten aus der Architekturgeschichte zu einem kleinteilig differenzierten harmonischen Ganzen, dessen festlich abstrakte Bildhaftigkeit auch für sich selbst stehen kann - und den Besuchern den Raum für eigene Assoziationen eröffnet. Aus dem musikalischen und architektonischen Kulturtransfer in Tianjin erwächst so ein Grundton, der über eine eigenständige neue Großform mit kraftvoller Bildwirkung verfügt.

10

11

With its two tiers, the large opera house provides seating for up to 1,600 visitors. The architects succeeded in lending the room with its proscenium stage a character which is both dignified and intimate. It thus creates a suitable framework for the dramatic fates played out in opera.

The design of the hall has proven to be a deep architectural bow to what is probably the most frequently performed opera ever, namely Wolfgang Amadeus Mozart's *The Magic Flute*. In January 1816, the opera, premiered in 1791 in Vienna, was first performed in the Prussian residence of Berlin. The neoclassical architect Karl Friedrich Schinkel designed the stage set of the "Star Hall in the Palace of the Queen of the Night" for this piece.[‹8]

With his design he wrote both operatic and architectural history: against the dark blue sky background Schinkel had created a kind of triumphal arch comprising symmetrically arranged star arches. The bottom is concluded, like a Madonna halo, by a pale crescent moon.

In Tianjin gmp have translated this motif into a star-like rain of light that pours itself over the warm oak wall covering and even continues into the ceiling opening for the stage equipment.

The concert hall designed for up to 1,200 visitors, which is concluded at the rear by an impressive organ, presents itself quite differently, though.The heart of the open space is the podium for the musicians, around which the rows of seats rise in a gentle slope. With its polygonal ground plan and the motif of the offset, undulating ceiling sails that appear to float above the stage, the architecture consciously takes up motifs from the Berliner Philharmonie by Hans Scharoun[9].

The walls are covered with light oak and, as in the opera house, have horizontal joints for acoustic reasons. This fits in with the organic effect of the softly modeled space which evokes numerous associations: like the layers of rock strata, the horizontal fluting of the wall paneling makes the room appear to grow upwards; a room whose walls actually combine to form treelike sculptures, opening themselves between the exits and entrances. Towards the ceiling, the trees fan out into large discs like abstract treetops. As if from a distance, this is reminiscent of the great Schauspielhaus[10+11] that Hans Poelzig had once created for Berlin.

In Tianjin the spatial impression merges with the quotations from architectural history to form a whole that is harmonious, yet differentiated in in its detail. Its festive abstract imagery is able to stand alone and to trigger the visitors' own associations. So, from the musical and architectural cultural transfer in Tianjin a root note emerges that has its own large-scale form with a powerful visual impact.

Pläne und Zeichnungen

Plans and Drawings

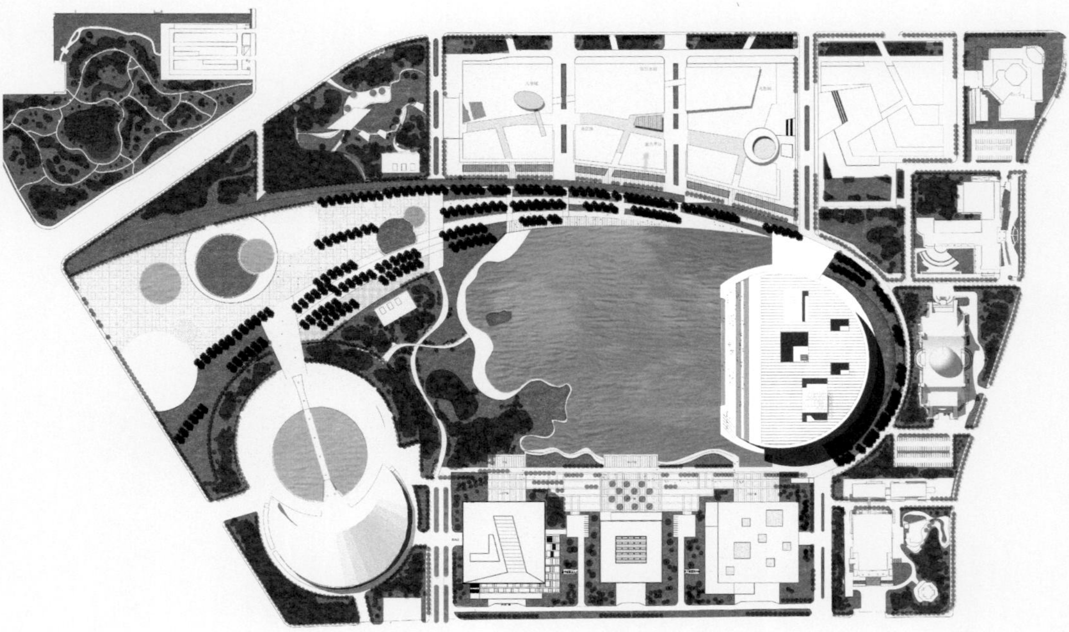

Lageplan
Site plan

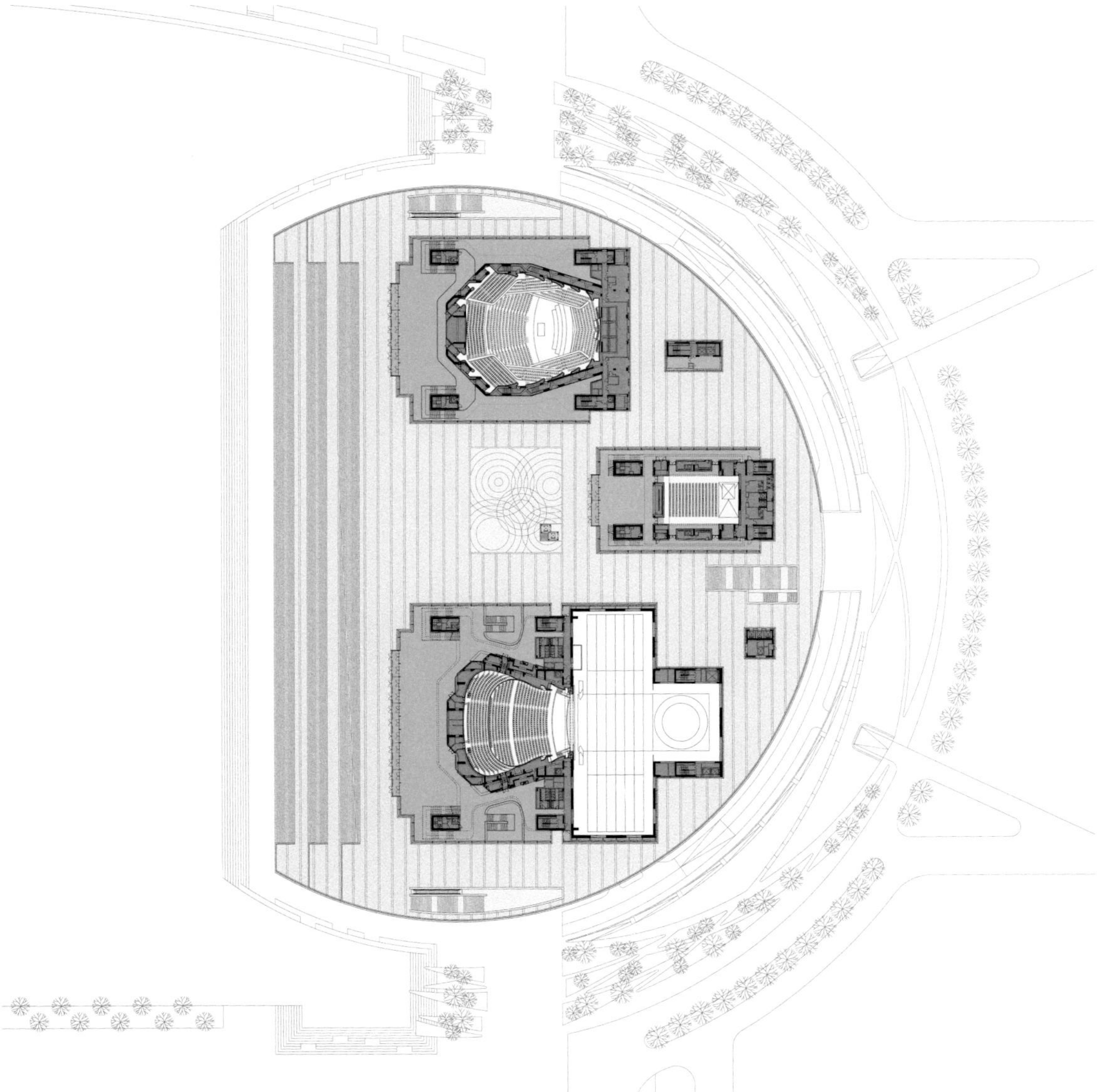

Grundriss Podiumsebene
Layout of podium level

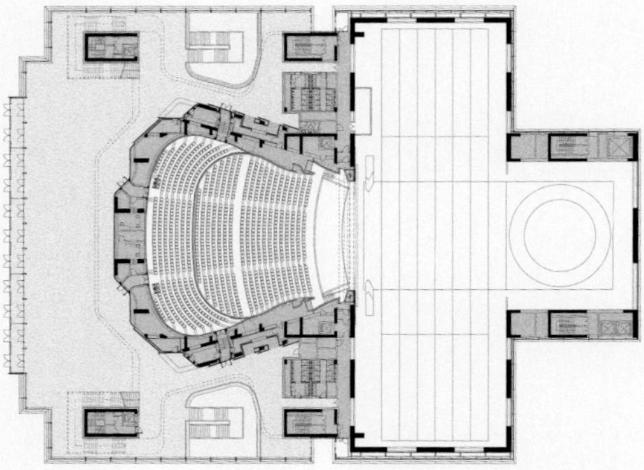

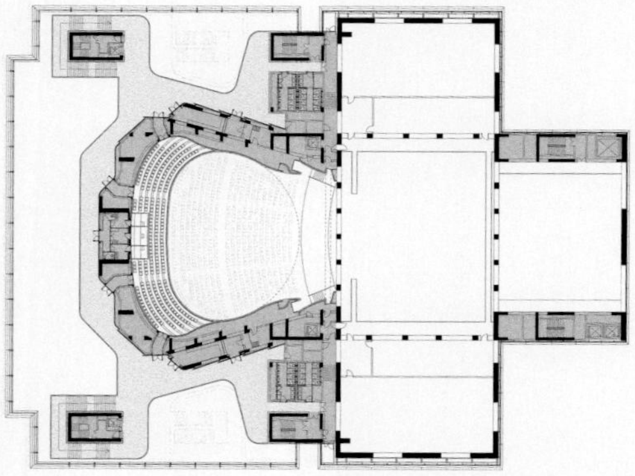

Opernsaal
Opera hall

↑ Grundriss Eingangsebene
Layout of entrance level

↑ Grundriss Ebene 3
Layout of level 3

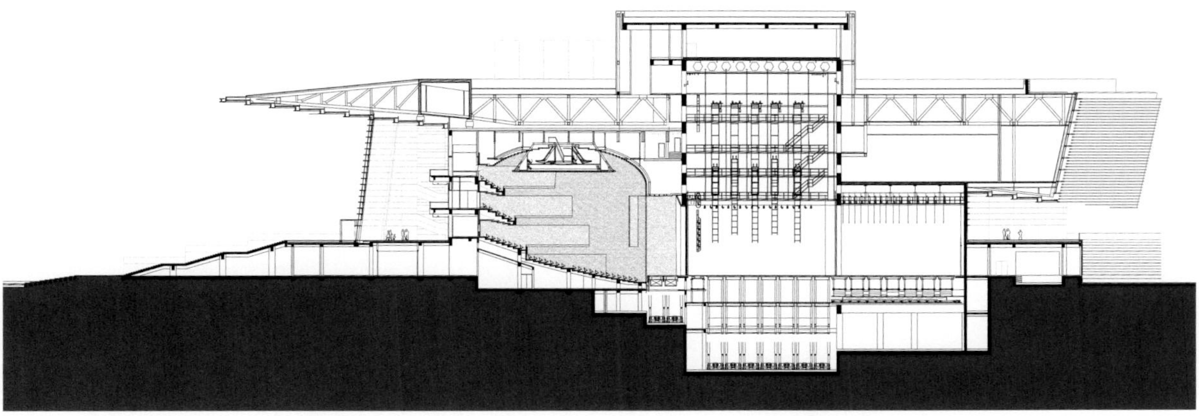

Schnitt
Section

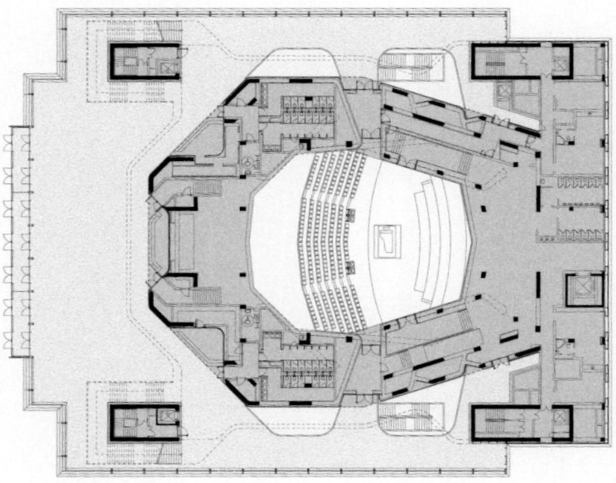

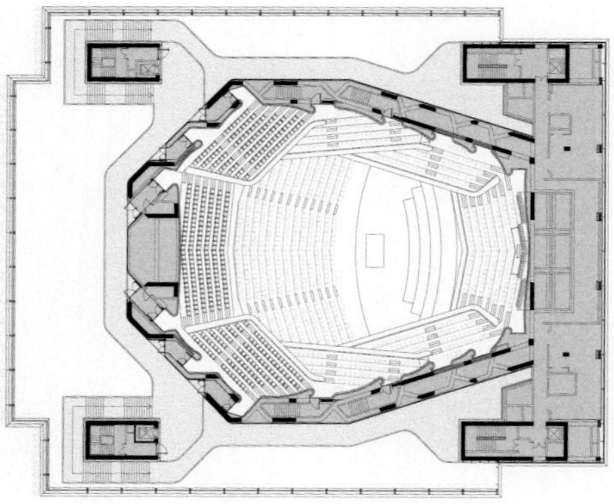

Konzertsaal
Concert hall

↑ Grundriss Eingangsebene
Layout of entrance level

↑ Grundriss Ebene 4
Layout of level 4

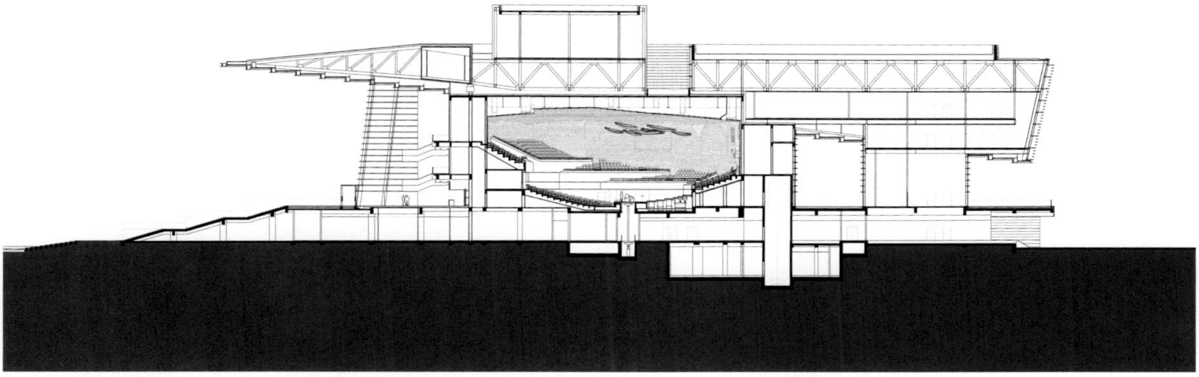

Schnitt
Section

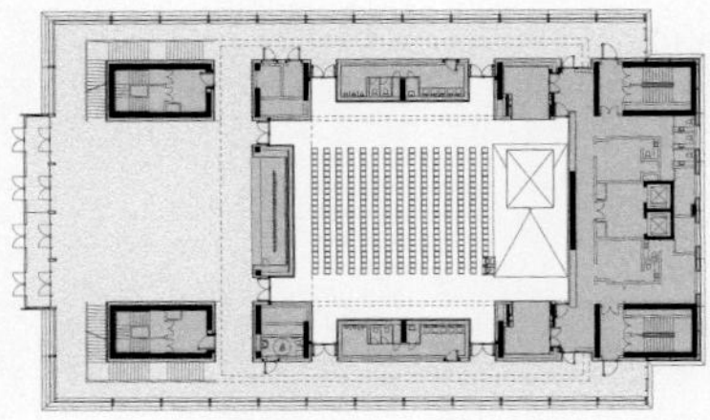

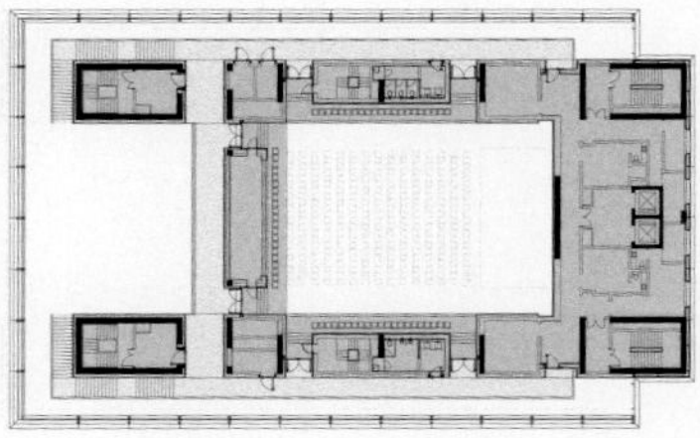

Multifunktionshalle
Multifunctional hall

↑ Grundriss Eingangsebene
Layout of entrance level

↑ Grundriss Ebene 3
Layout of level 3

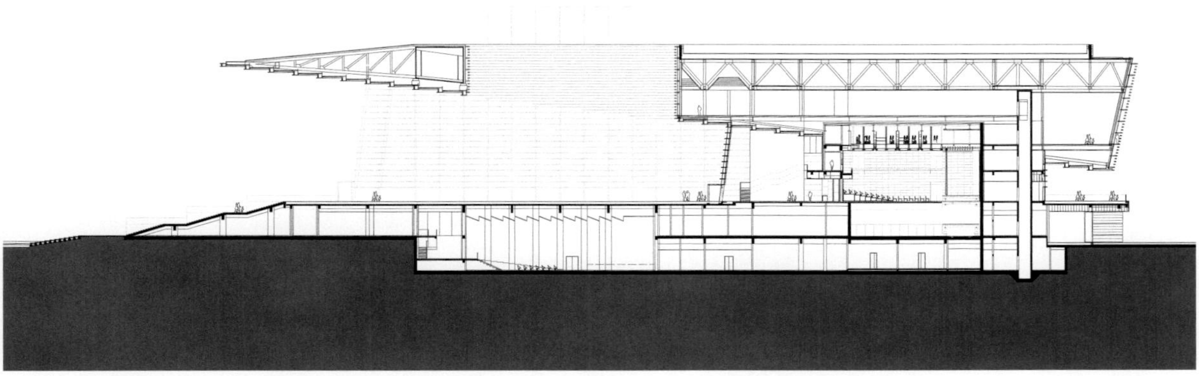

Schnitt
Section

Fotografische Dokumentation

Photographic Documentation

音乐厅
Concert Hall

Bar 吧台
Locker Room 存包处
Restroom 卫生间

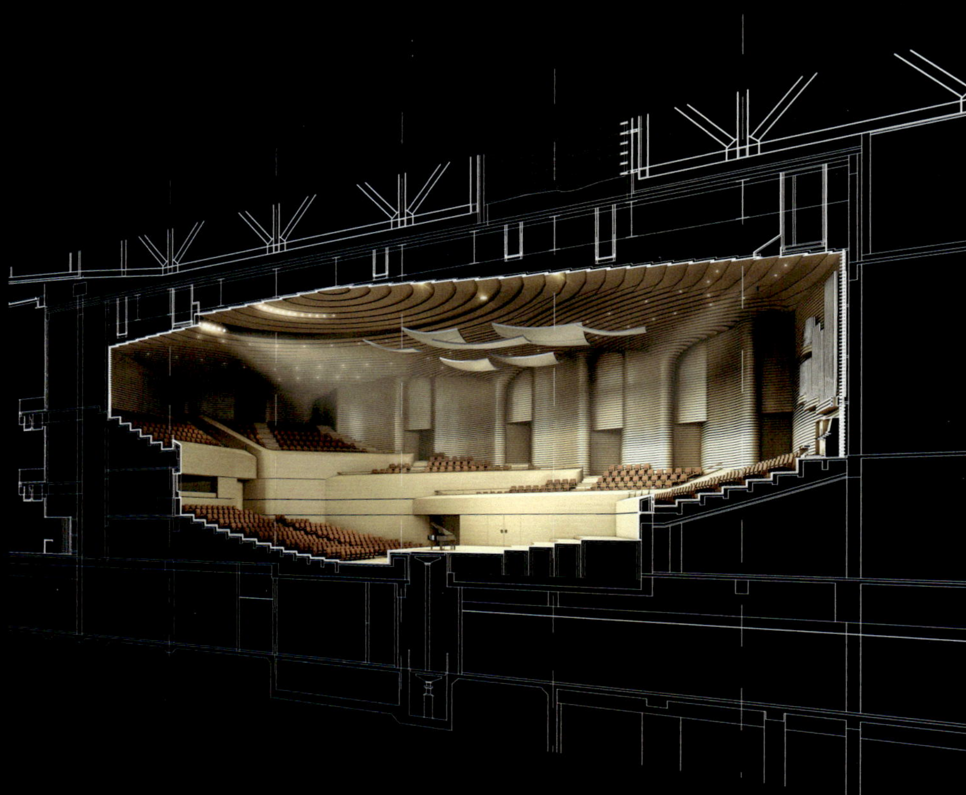

Schnittperspektive Konzertsaal
Section perspective of Concert Hall

→ 69 Konzertsaal
Concert hall

70 → Opernsaal
Opera hall

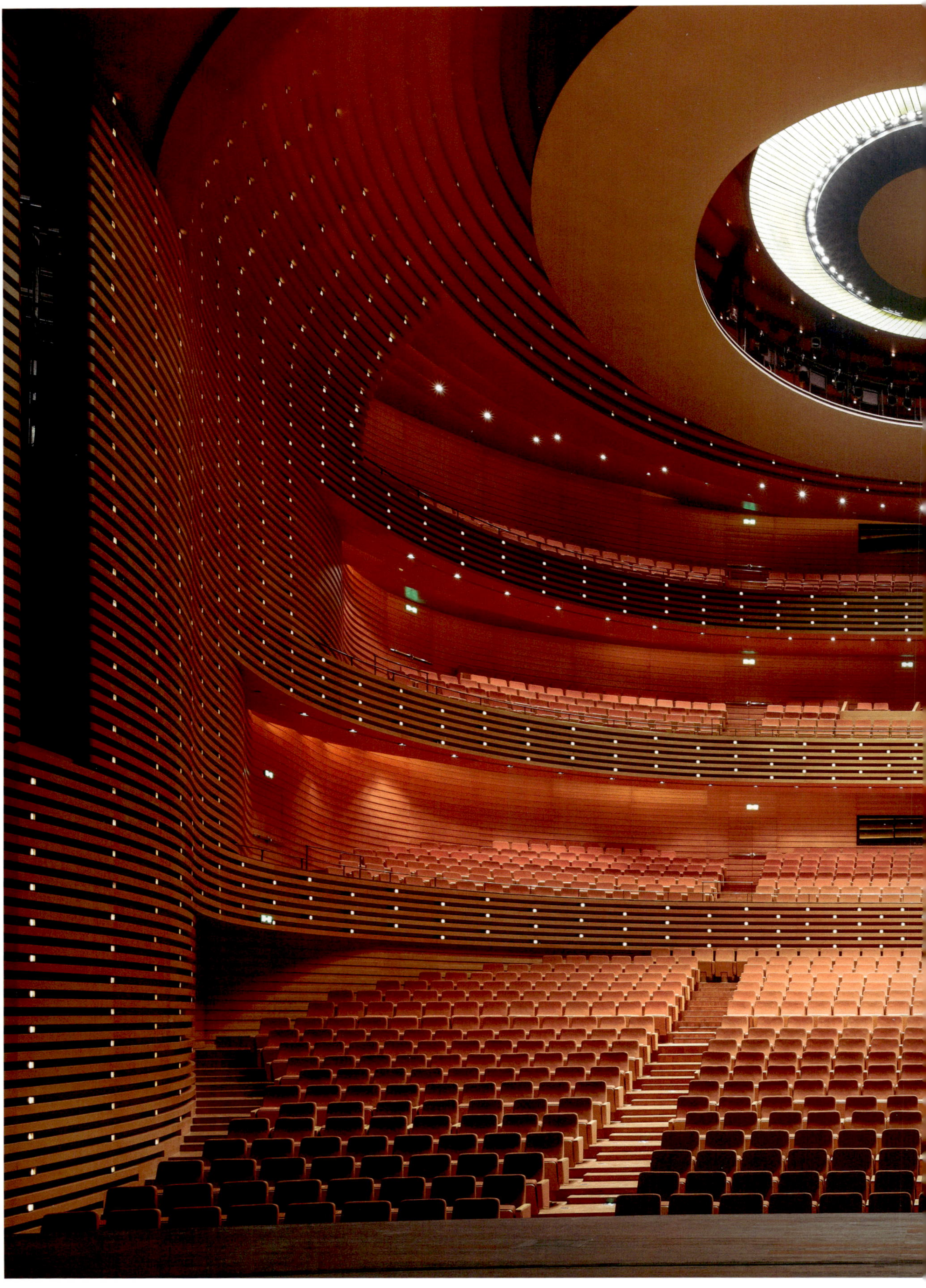

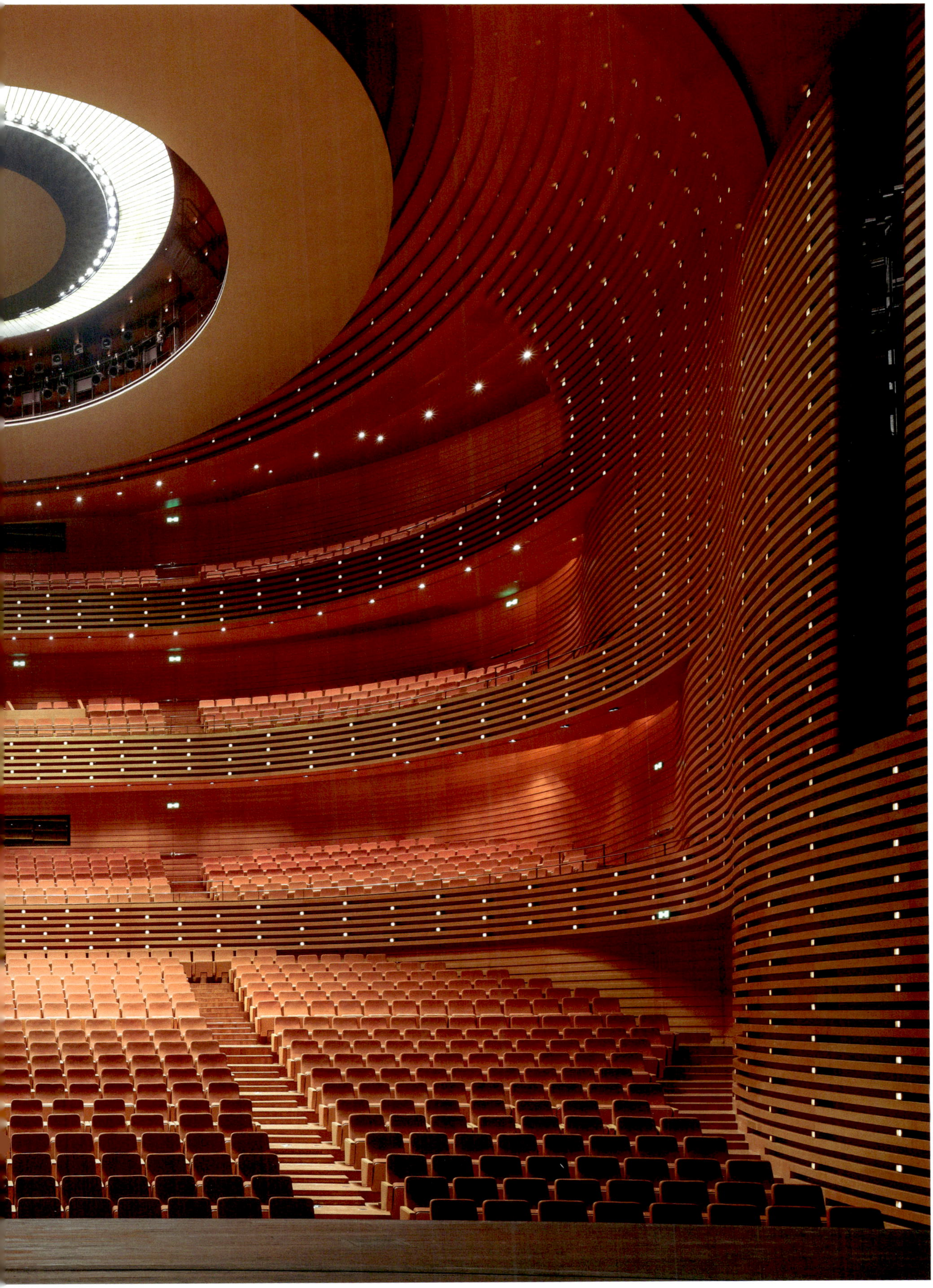

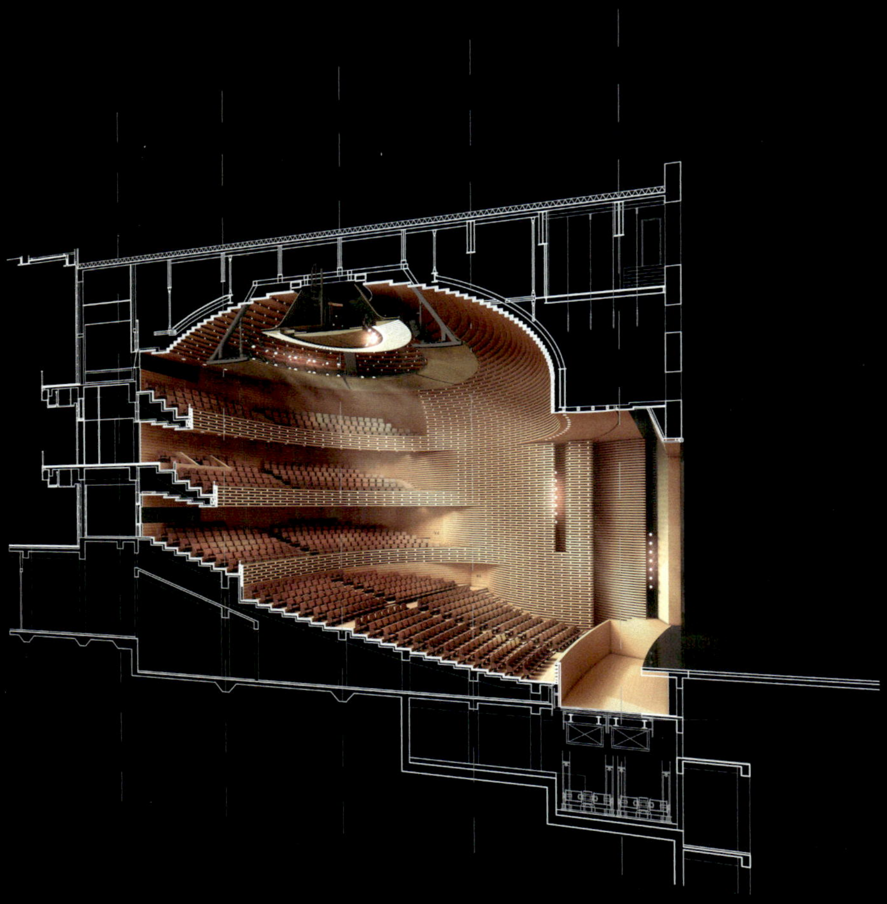

Schnittperspektive Opernsaal
Section perspective of Opera Hall

Anhang

Appendix

gmp Entwurfsteam Design Team

Meinhard von Gerkan
Prof. Dr. h. c. mult. Dipl.-Ing. Architekt BDA

geboren 1935 in Riga (Lettland). Gemeinsam mit Volkwin Marg gründete von Gerkan 1965 gmp · Architekten von Gerkan, Marg und Partner. Schon am Beginn seiner Karriere stand mit dem Flughafen Tegel ein bedeutendes Projekt, dem zahlreiche weitere bis heute folgten. 1974 wurde von Gerkan von der Universität Braunschweig auf den Lehrstuhl für Entwerfen berufen, 2005 erhielt er die Ehrendoktorwürde durch die Chung Yuan Christian University in Chung Li (Taiwan). Das East China Normal University College of Design in Shanghai verlieh von Gerkan 2007 eine Ehrenprofessur, 2014 ernannte ihn die Tongji University zum Advising Professor. Von Gerkan ist Mitglied der Freien Akademie der Künste zu Hamburg und hat zahlreiche weitere Auszeichnungen erhalten, unter anderem den Fritz-Schumacher-Preis, den Rumänischen Staatspreis, den Großen Preis des Bundes Deutscher Architekten und das Bundesverdienstkreuz.

Born in 1935 in Riga, Latvia, von Gerkan founded gmp · von Gerkan, Marg and Partners Architects with Volkwin Marg in 1965. The beginning of his career was marked by an important project–Tegel Airport–which has been followed by many others to this day, including the main railway station in Berlin and the planning of the 1.3-million city of Lingang. In 1974 von Gerkan was appointed to the Chair for Design by Braunschweig University, and in 2005 he was awarded an honorary doctorate by Chung Yuan Christian University in Chung Li, Taiwan. The East China Normal University College of Design in Shanghai awarded von Gerkan an honorary professorship in 2007, and Tongji University in Shanghai appointed him Advising Professor in 2014. He set up the gmp Foundation and the Academy for Architectural Culture for the advancement of gifted young architects. Von Gerkan is a member of the Freie Akademie der Künste, Hamburg and has received numerous other awards such as the Fritz Schumacher prize, the Romanian State prize, the Association of German Architects Grand Award and the Federal Cross of Merit.

Stephan Schütz
Dipl.-Ing. Architekt BDA

geboren 1966 in Duisburg. Er studierte Architektur an der TU Braunschweig und machte 1994 dort sein Diplom. Seitdem ist er im Büro gmp · Architekten von Gerkan, Marg und Partner tätig, seit 2006 als Partner. Er leitet die gmp-Büros Berlin, Peking und Shenzhen. Zu seinen wichtigsten Projekten zählen u.a. die Neue Weimarhalle (Weimar), das Tempodrom (Berlin), die Christliche Kirche in Peking, die CYTS Plaza (Peking), das Opernhaus Qingdao, das Chinesische Nationalmuseum (Peking) und das Sportzentrum Shenzhen.
Als Mitinitiator der aac – Academy for Architectural Culture – ist Stephan Schütz maßgeblich an aac-Workshops beteiligt; viele dieser Workshops standen auch unter seiner Leitung.

born in 1966 in Duisburg, Germany. He studied architecture at the TU Braunschweig, where he graduated in 1994. Since that year, he has been working for gmp · von Gerkan, Marg and Partners Architects, and since 2006 he has been doing so as a partner. He is the head of the gmp offices in Berlin, Beijing, and Shenzhen. Among his most renowned projects are the New Weimar Hall (Weimar), the Tempodrom (Berlin), the Christian Church in Beijing, the Qingdao Grand Theater, the National Museum of China (Beijing) and the Shenzhen Universiade Sports Center.
As co-initiator of the aac–the Academy for Architectural Culture–he plays a significant role in workshops organized by the aac. To date he has led a number of workshops.

gmp Partner China

Nicolas Pomränke
Dipl.-Ing. Architekt

geboren 1970 in Wuppertal. Er studierte Architektur an der TU Braunschweig und machte 1998 dort sein Diplom. Seit 2010 ist er Assoziierter Partner im Büro gmp · Architekten von Gerkan, Marg und Partner. Als Projektleiter verantwortete er u.a das Zhongguancun Cultural Center, das Opernhaus Qingdao, das Qingdao International Trade Center oder den Kulturpalast Dresden.

born 1970 in Wuppertal, Germany. He studied architecture at the TU Braunschweig, where he graduated in 1998. Since 2010 he is an Associate Partner at gmp · von Gerkan, Marg and Partners Architects. Projects under his supervision include the Zhongguancun Cultural Center, Qingdao Grand Theatre, the Qingdao International Trade Center or the Kulturpalast Dresden.

Wu Wei
Dipl. Architekt ETH

geboren 1971 in Lanzhou/Gansu (China). Wu studierte Architektur in Chongqing, China und war von 1992 bis 1994 als Architekt in Lanzhou und Shanghai tätig, ehe er 1994 bis 1995 in der Schweiz Deutsch studierte. An der ETH Zürich nahm er ein weiteres Architekturstudium auf, das er 2000 mit dem Diplom bei Prof. Mario Campi abschloss. Nach Tätigkeiten für Skyline Architecture und bei SwissGerman Consulting in Zürich kam Wu 2000 zu gmp, wo er zunächst Chefrepräsentant der Büros in Peking und Shanghai war, 2004 assoziierter Partner wurde und 2009 Partner für China.

Born in 1971 in Lanzhou, Gansu, China, Wu studied architecture in Chongqing in China and, from 1992 to 1994, practiced architecture in Lanzhou and Shanghai before he studied German in Switzerland between 1994 and 1995. He then undertook further architectural studies at the ETH Zurich, which he completed in 2000 with a diploma under Professor Mario Campi. After working for Skyline Architecture and SwissGerman Consulting in Zurich, Wu joined gmp in 2000 where he started as chief representative of the Beijing and Shanghai offices and then became an associate partner in 2004 and partner for China in 2009.

Autoren und Fotografen Authors and Photographers

Jürgen Tietz, Berlin
Dr., Architekturkritiker und Publizist
Architecture critic and publicist

Jürgen Tietz studierte Kunstgeschichte, Klassische Archäologie sowie Ur- und Frühgeschichte. Danach wandte er sich der Architektur zu und arbeitet seitdem als freiberuflicher Journalist zu den Themen Architektur und Denkmalpflege.
Er veröffentlicht regelmäßig in der *Neuen Zürcher Zeitung* und in Architekturzeitschriften wie der *Deutschen Bauzeitung*. Daneben stehen zahlreiche Aufsätze, Tagungsbeiträge sowie Buchveröffentlichungen, zuletzt: *Meinhard von Gerkan, Vielfalt in der Einheit. Biografie in Bauten*. 1999 wurde Jürgen Tietz mit dem Journalistenpreis des Deutschen Nationalkomitees für Denkmalschutz ausgezeichnet.
Er ist Mitglied in der Arbeitsgruppe Öffentlichkeitsarbeit des Deutschen Nationalkomitees für Denkmalschutz, in den Gestaltungsbeiräten in Fulda und Darmstadt sowie im Denkmalrat Hamburg.

Jürgen Tietz studied art history, Classical Archeology as well as Prehistoric and Protohistoric Archeology. After that he turned his attention to architecture and has been working ever since as a free-lance journalist, writing on architecture and monument preservation.
He regularly publishes in *Neue Zürcher Zeitung* or in architecture magazines such as *Deutsche Bauzeitung*. In addition he publishes essays, conference contributions or books, like, most recently, *Meinhard von Gerkan, Vielfalt in der Einheit. Biografie in Bauten*. In 1999 Jürgen Tietz was awarded the Journalist Award of the German National Committee on the Protection of Monuments.
He is a member of the public relations working group of the German National Committee on the Protection of Monuments, a member of the design advisory boards in Fulda and Darmstadt as well as a member of the Denkmalrat Hamburg (Monuments Council Hamburg).

Christian Gahl
Fotograf Photographer

geboren 1966 in München. 1993-1996 Studium der Architektur. Seit 1996 selbstständiger Architekturfotograf, international tätig u.a. für die Architekturbüros Hild + K., Toyo Ito, Murphy/Jahn, Rem Koolhaas, HG Merz. Auch Künstler wie Keith Sonnier, Ulrich Rückriem, Walter de Maria oder Institutionen wie das Guggenheim New York, MoMA New York und die Neue Nationalgalerie Berlin zählen zu seinen Auftraggebern. Publiziert werden seine Bilder u.a. in *The Architectural Review, A+U, domus, Neue Zürcher Zeitung*.

Born in Munich in 1966. Studied architecture from 1993 to 1996. Freelance architectural photographer with international commissions for architects Hild + K., Toyo Ito, Murphy/Jahn, Rem Koolhaas, and HG Merz since 1996. His clients also include artists such as Keith Sonnier, Ulrich Rückriem, Walter de Maria, and institutions such as the Guggenheim New York, the MoMA New York, and the new National Gallery in Berlin. His photographs are published in such publications as *The Architectural Review, A+U, domus*, and *Neue Zürcher Zeitung*.

Projektdaten Project Data

Bauherr Client
Tianjin Culture Center Project and Construction Head Office

Intern. Wettbewerb Int'l. Competition
2009 – 1. Preis 1st Prize

Entwurf Design
Meinhard von Gerkan und and Stephan Schütz
mit with Nicolas Pomränke

Projektleitung Project Management
David Schenke, Xu Shan

Projektleitung Wettbewerb Project Management Competition
Tobias Keyl

Mitarbeiter Entwurf (alphabetisch) Design Staff (in alphab. order)
Verena Fischbach, Martin Gänsicke, Matthias Grünewald,
Susan Schwarz, Duc Nguyen, Wu Di, Xie Fang

Mitarbeiter Ausführung (alphabetisch) Planning Staff (in alphab. order)
Sebastian Brecht, Jan Deml, Johannes Erdmann, Martin Gänsicke,
Annette Löber, Han Lu, Carina Slowak, Plamen Stamatov, Michael Tümmers,
Wang Zheng, Wu Di, Xie Fang, Zhang Ting, Zhu Huan, Zhou Bin,
Thilo Zehme

Bauleitung Construction Management
Xing Jiuzhou, Thomas Kraemer

Statik Structural Engineering
sbp – schlaich, bergermann und partner

Landschaftsplanung Landscaping
Atelier Dreiseitl

Chinesisches Partnerbüro Chinese Partner Firm
ECADI, East China Architectural Design & Research Institute Co., LTD.

Haustechnikplanung Technical Equipment
ECADI

Bühnentechnik Stage Equipment
Kunkel Consulting

Bauzeit Construction Period
2010 – 2012

BGF GFA
71,400 m²

Kapazitäten Capacity

Opernsaal Opera Hall
1600 Sitzplätze seats

Konzertsaal Concert Hall
1200 Sitzplätze seats

Multifunktionshalle
Multifunctional Hall
400 Sitzplätze seats

Bildnachweis Picture Credits

Christian Gahl
Titelmotiv Cover
Bildstrecke Spreads
6/7, 15, 42–63, 63, 65–76, 78–87

gmp
Seiten Pages 18/19, 32–39, 62, 75

Stephan Schütz
Skizze Sketch
Seite Page 18

Corbis
1 Corbis
Seite Page 22
2 Iain Masterton/incamerastock/Corbis
Seite Page 23
3 Xinhua/Xinhua Press/Corbis
Seite Page 24/25
4 Panchout/Corbis
Seite Page 28

ullstein bild
1 Ullstein-Bild/Schöning
Seite Page 26
2 ullstein bild - AKG
Seite Page 27
3 ullstein bild - ullstein bild
Seite Page 29/№ 10
4 ullstein bild - ullstein bild
Seite Page 29/№ 11

ON Grafik – Hamburg
1 modifizierte Welt- und Chinakarte
modified world map and map of China
http://d-maps.com
Seiten Pages 8/9
2 Karte Tianjin - Stadtgebiet
Map of Tianjin – City area
http://www.openstreetmap.org
Seite Page 11

Impressum Imprint

Konzept Concept
Michael Kuhn gmp
Leiter PR und Kommunikation Head of PR

Herausgeber Editors
Meinhard von Gerkan gmp
Stephan Schütz gmp

Koordination Editorial Direction
Carolina López gmp
Xiaoshi Fang gmp

Layoutkonzept und Satz Layout and Typesetting
ON Grafik, Tom Wibberenz mit with
Hendrik Sichler, Hamburg

Korrektorat Proofreading
Brigette Brown (engl.)
Miriam Seifert-Waibel (de.)

Lektorat Editing
Joachim Otte (engl.)

Übersetzung Translation
Ian McCaughtrie
Joachim Otte

Bildredaktion und -bearbeitung Picture Editing
Trixi Hansen gmp
Guido Brixner gmp

Reproduktion Reproduction
DZA Satz und Bild GmbH Altenburg

Druck und Bindung Print Production and Binding
DZA Druckerei zu Altenburg GmbH

Papier Paper
Multi Art Silk von by Papyrus Europe
150 g/m²

Schrift Font
Linotype Avenir Next Pro

Bibliografische Information der Deutschen Nationalbibliothek
Bibliographic information published by the Deutsche Nationalbibliothek
Die Deutsche Nationalbibliothek verzeichnet diese Publikation in der Deutschen Nationalbibliografie; detaillierte bibliografische Daten sind im Internet über http://dnb.d-nb.de abrufbar.
The Deutsche Nationalbibliothek lists this publication in the Deutsche Nationalbibliografie; detailed bibliographic data are available on the internet at http://dnb.d-nb.de

jovis Verlag GmbH
Kurfürstenstraße 15/16
10785 Berlin

www.jovis.de

ISBN 978-3-86859-328-0